Si Yo Pude, Tú También Puedes

Historias de Emprendedores Exitosos

Luis Eduardo Barón, Álvaro Mendoza,
Karín Barki, Roberto Imamura,
Alfredo Esponda, Aurora E. Guerra,
Wander Durán, Javier Varela,
Daniel Sánchez y Marianela Vallejo

Diagramación
Giancarlo Rodríguez

Corrección de Estilo
Mariela Vargas O.

Índice

Si Yo Pude, Tú También Puedes

Por Luis Eduardo Barón
www.ComoEmpezarUnNegocio.com

Martes 22 de marzo de 2011, 8:55 de la mañana, acababa de enviar un correo a los afiliados para promocionar mi primer curso, Las Claves Secretas de un Negocio Millonario. En 5 minutos oficialmente sería un hombre público, la gente sabría de mí y de mi mensaje.

Sentía el nerviosismo de hacer algo por primera vez, no sabía qué pensaría la gente de mi video, no tenía ni la más remota idea de si les gustaría mi estilo, si verían los videos o no, si les interesaría mi producto.

Recordé mis días trabajando en televisión cuando después de horas de grabaciones estábamos al frente de la pantalla listos para ver el primer capítulo de una telenovela o programa sin saber si el público nos premiaría con su audiencia o no. Esta vez era igual, pero el premio lo recibiría si las estadísticas reportaban que la gente se estaba registrando para ver los videos.

Faltaban unos segundos y envié un mensaje a Álvaro Mendoza, por Skype, y uno de texto a mi esposa. Me eché la bendición justo a las 9:00 y unos segundos después el autorespondedor empezó a reportar a las personas que se registraban, el número subía…2, 5, 15, antes de la hora habíamos superado las 100 y los comentarios en Facebook empezaban a aparecer unos 20 minutos más tarde, primero los amigos, el de Álvaro como era de esperarse, pero luego fueron los de personas que no conocía, "bendiciones, excelente, me gusta, gran contenido…". Cada uno era como una palmada en la espalda. Sabía que estaba gustando y que ese era el principio de mi carrera en el mundo del Marketing por Internet.

Todo había comenzado el 22 de agosto de 2009, ese día entré a Internet a buscar a la persona que más sabía de Internet en español. Dos días antes un amigo me había dado su nombre y me dijo, "debes conocerlo, es colombiano y vive cerca de ti".

Yo tengo una empresa de publicaciones y desde el 2000 nos hemos convertido en los medios de comunicación hispanos más importantes de la Bahía de Tampa en la Costa Oeste de la Florida. Por mi trabajo conocía a gran parte de la comunidad y en especial a los líderes y personas destacadas de la misma. Muchos de ellos habían ocupado espacios en mi periódico o revistas debido a su trabajo, por eso me extrañaba que el nombre Álvaro Mendoza, no significara nada para mí siendo como me decían el experto número uno del Marketing online que vivía a sólo 45 minutos de mi casa.

Me senté enfrente del computador, digité en Google su nombre y aparecieron cientos de videos y artículos, hice clic en uno de ellos y seguí sin parar viendo la información que me iba atrapando con el paso de los minutos. Creo que estuve hasta las 10 de la noche y precisamente ese día tenía una promoción de descuentos por sus 46 años, podía comprar sus productos con el 46 por ciento de descuento.

El lunes a primera hora llamé al teléfono que aparecía al final de sus correos. "Álvaro está de vacaciones y regresa en unos días, pero puedes escribirle a este su correo personal", me dijo su asistente que me hablaba como si me conociera, días más tarde supe que era la esposa de un amigo al que había conocido en un evento donde el mismo Álvaro estaba grabando su intervención sin yo saber de quién se trataba.

Esperé la respuesta con ansia, algo me decía por dentro que lo que hablara con él iba a ser trascendental en mi vida. Unos día más tarde recibí su correo muy cordial con su teléfono personal.

Lo llamé le dije que quería conocerlo y nos pusimos una cita para almorzar unos días más tarde.

Mucha personas piensan que es difícil lograr las cosas que desean, yo siempre he creído que sólo es tomar acción, así lo había hecho para hablar con personajes como el famoso arquitecto brasileño Oscar Niemeyer cuando yo apenas estaba en primer semestre de Arquitectura, o con la escritora Delia Fiallo a quien le compré los libretos de una de sus telenovelas exitosas cuando nadie había podido hacerlo, o a otros a los que parecía imposible tener acceso y simplemente una llamada logró el imposible, o como cuando conquisté a mi esposa.

Era sólo tomar acción, siempre lo he hecho para conseguir lo que quiero.

El almuerzo con Álvaro duró unas 7 horas, él me contó lo que hacía y yo le comenté que estaba escribiendo mi primer libro, que había llegado al capítulo 4 y que algo me faltaba.

Me dijo, no escribas el libro, haz un curso y véndelo por Internet. Sonó como algo tentador, pero no tenía ni la más remota idea de cómo hacerlo.

Ese día quedé enamorado del Marketing por Internet, fue como descubrir lo que siempre habías querido hacer y no sabías que ya estaba inventado. Me sentía como en los días de adolescente cuando tenía como hobbie escuchar estaciones de Onda Corta, era algo que combinaba todo lo que me gustaba.

Quedé con Álvaro de estudiar su material, me envió todos sus cursos de regalo y me recomendó algunas personas para que las siguiera. A su vez decidimos ese día que era importante hacer un evento presencial para explicarles a mis lectores el poder que esta nueva tecnología podía tener en sus negocios. Esa sin saberlo, era la semilla de lo que más tarde se convertirá en el evento más importante de negocios en línea, Los Maestros de Internet.

Hice mi tarea, comencé a aprender y cada vez que me suscribía a una lista aparecía más y más información. Me registré al Gran Seminario Virtual de Sebastián Saldarriaga y allí supe de otros marketeros como Alex Beresowsky, Phil Alfaro, Juan Martitegui, Charles Denney y Richard Osterude, entre otros. Era un nuevo mundo, cada nueva URL, era un nuevo aprendizaje, cada idea, cada sugerencia se convertía en algo maravilloso que iba apareciendo abriendo el camino.

Mis reuniones con Álvaro se volvieron más frecuentes, casi rutinarias, los viernes a tomar café en Starbucks al que Álvaro considerada su oficina. Era la época del estilo de vida de Internet.

Le hicimos una entrevista para una de nuestras publicaciones y la gente empezó a saber quién era.

Realizamos el primer evento presencial para hablar de Internet, 163 personas, el hotel no tenía espacio para tanta gente y tuvo que abrir la puerta para que la gente viera la conferencia desde el lobby, la dictaron Álvaro y Carlos Gallego, un éxito total.

Terminada la misma, Carlos y Álvaro me entregaron el 50 por ciento de las ventas, oficialmente, era mi primer ingreso por cuenta de Internet. Me maravilló el modelo, la gente compró como si se tratara de un helado en pleno día de verano, había fila y si no vendieron más fue porque no llevaron más productos.

Haciendo una evaluación con mi esposa llegamos a una conclusión, que en este modelo de negocios, es mejor escribir un libro, ayuda a la gente, todos quedan felices y además ganas dinero.

Comencé a estudiar disciplinadamente a ver no sólo los líderes hispanos sino los americanos y a enviarle a Álvaro mis "planes" perfectamente dibujados sobre lo que quería hacer. Los meses fueron pasando, comencé a ir a conferencias, pero no tenía un producto, de los dibujos perfectos no había pasado, y Álvaro empezó a presionarme.

Para lanzarme al ruedo preparamos una nueva conferencia pero esta vez yo hablaría de Internet. A la conferencia asistió el presidente de la Asociación de conferencistas hispanos, Francisco Yáñez, quien llevaba para Álvaro el premio al mejor conferencista de marketing.

Di mi charla, y Francisco me dijo, lo haces muy bien, un par de cosas para corregir y si quieres te pongo en contacto para que des conferencias profesionalmente. Wow, eso eran palabras mayores viniendo de un hombre con tanta experiencia.

Le propuse a Álvaro hacer un evento en grande, si las charlas locales estaban funcionando, por qué no hacer una más grande con más conferencistas. Así que en diciembre de 2010, una mala época para hacer eventos, realizamos el primer Maestros de Internet, lo bauticé así porque en él participarían los 5 marketeros más importantes de la industria, lo que no sabía era que yo abriría el evento con mi primera conferencia oficial.

La estrategia de Álvaro era presentarme con los otros marketeros, que me conocieran para comprometerlos con mi lanzamiento. Oficialmente presentaría mi curso, del cual sólo existía el nombre, el diseño del logo y una idea básica del temario.

Pusimos publicidad en mis medios, la radio y la televisión, buscando como en los eventos anteriores, la audiencia local. Algunos de los invitados enviaron correos a sus listas y empezamos a ver cómo personas de varias ciudades e incluso países comenzaron a registrarse, venían de España, México, Colombia, Puerto Rico, algo que no nos imaginábamos.

Ese sábado era mi "presentación en sociedad" en el mundo de Internet, en primera fila, un asistente que daba cientos de conferencias en el tema de multinivel, Roberto Pérez, y yo por dentro decía, soy un completo desconocido, con la única experiencia de hablar ante los miembros de la Cámara de Comercio local y ¿voy a estar al frente de esta audiencia? Con gente con muchísima experiencia.
Con Álvaro había comprado un equipo de grabación profesional, pero antiguo, lo "estrenaríamos" para grabar el evento y el técnico, Pepe Torquemada, 10 minutos antes de mi presentación me dice, "qué le hiciste al equipo, no funciona", yo estaba concentrado tratando de disimular mis nervios y ahora tenía un problema que no podía solucionar a minutos de enfrentarme a un salón lleno con casi 80 personas esperando con ansias las conferencia.

Le dije: Pepe, no hay problema, vamos con una cámara y si no puedes grabar la conferencia, no se graba. Álvaro que si tuviera otro apodo diferente al "padrino" sería "Plan B", grabó con su video cámara y yo respiré profundo, borré de mi mente el problema y salí al escenario.

Comencé mi charla con un chiste, la gente estaba absorta y yo me fui soltando, me sabía línea por línea la charla, había preparado el PowerPoint a mi estilo, muchas fotos y algunas graciosas. La gente se reía y tomaba notas y miraban embelesadas lo que decía, terminé la presentación e hice mi primera oferta, mi curso que aún no hacía, y Álvaro me dijo, "con una persona que compre ya lo tienes que hacer".

La buena noticia, todo el auditorio se paró a aplaudir, empezando por Roberto en la primera fila, con toda su experiencia en conferencias fue el primero en levantarse. La mala noticia, NADIE compró.

Yo estaba feliz, no porque nadie hubiera comprado, sino porque el mensaje había gustado. Se me acercaron Richard Osterude y Sebastián Saldarriaga para que los asesorara con sus negocios, les había impactado el contenido y los había puesto a pensar en sus propios emprendimientos.

El evento fue un éxito total y económicamente fue la segunda oportunidad para comprobar que el modelo de negocios era fantástico. Cerca de Navidad y casi sin caber en la ropa decidí que ese año Papá Noel traería los recién lanzados iPad a mis hijos con el producto de las ventas que dejó el evento.

Mis dos hijos mayores devolvieron el regalo y me regañaron por irresponsable. Tenían razón, estaban empezando sus universidades y había otras prioridades en la familia, la pequeña lo disfrutó con gusto, pero aprendí que cada vez que ganes dinero, debes darte el placer que quieras darte, recompensarte por el trabajo realizado. Era algo que nunca había hecho en mi vida y que se lo debo a Internet. Esa satisfacción no se olvida, así mis hijos devolvieran los iPad, yo gocé comprándoselos. Los cambiaron por ropa, prometí jamás volverles a comprar uno, pero fue solo una promesa rota.

Evaluando el evento hicimos arreglos a mi idea del curso, no me desilusioné por no vender, al contrario, sabía que sin la presión de comenzar, podía hacer las cosas mejor.

Afiancé mi relación con los conferencistas invitados, les enviamos un hermoso libro con las fotos de recuerdo, los llamé, les envié una botella antigua a cada uno con un "mapa secreto" adentro invitándolos al lanzamiento. Grabé videos personalizados para asegurar su participación y me concentré en diseñar el curso y el proceso de los videos de prelanzamiento.

Escribí todo, lo leía y leía una vez más. Redacté la base de la Carta de Ventas que magistralmente mejoró Carlos Juez y empezamos a grabar. Mi hijo había entrado a la universidad a estudiar cine y su cámara semi profesional estaba en su cuarto porque había decidido no llevarla a Los Angeles.

Con la experiencia de mis años en televisión, monté un set en mi casa, lo iluminé con la única luz profesional que tenía y grabamos los videos. Mi esposa controlaba la velocidad de teleprompter, y recuerdo las regañadas que le daba. Me impacientaba tener que repetir, y desde luego yo hablaba a un ritmo y ella iba a otro, pero cada vez lucía más natural, más convincente.

Esteban en Argentina, editó los videos y se me ocurrió comenzar el primero con la escena de la botella que llegaba del mar con... Las Claves Secretas.

Tengo que confesarles que gocé lo inimaginable, descubrí que me encanta hablar ante las cámaras, cosa que no sabía antes porque siempre me he considerado una persona introvertida, casi tímido.

Ahí estaba en la sala de mi casa con una tonalidad de video muy cálida, con una voz convincente, con una actitud profesional, ni yo me reconocía, no sabía que fuera capaz de hacerlo, pero lo hice, estaba ahí.

Por eso ese día, ese martes 22 de marzo estaba feliz viendo realizado el trabajo de varios meses, estaba ahí mirando como ya más de 1.000 personas se habían registrado un par de horas después de haber abierto.

Si los registros subían como espuma, Facebook, no se quedaba atrás, todos los comentarios buenos, la gente estaba fascinada y mi esposa se los leyó todos. De los casi 5.000 si hubo uno malo fue mucho. Al final terminamos con una lista de 24.500 suscriptores, 24.000 más de los que tenía antes de lanzar.

Álvaro desde la distancia me ayudaba dándome consejos de qué hacer, cómo escribir los correos, la parte técnica, etc. Estaba en Colombia por una emergencia familiar, pero nunca me dejó solo.

El cierre fue un evento en directo, "una telemaratón", mi primera.
Pepe y mi esposa me ayudaron y comencé a hablar, a responder preguntas, abrimos el micrófono y no me paraba nadie, Álvaro me bautizó como el "predicador empresarial".
Estuve como 6 horas sin parar, sólo que Pepe pidió unos minutos porque el equipo ya estaba echando humo.

256 personas compraron mi primer curso, si bien era menos de lo que pensaba, nadie me conocía antes y yo había entrado por la puerta grande, el contenido, la calidad de los videos, todo había impactado, el ver a una persona que no vendía el estilo de vida de Internet en sandalias sino impartía conocimiento, con corbata y seriedad (quizás las canas ayudaban) marcó una diferencia.

Si te estoy contando mi historia es porque yo pude hacerlo, y estoy seguro que tú lo puedes lograr, conté con un gran mentor, pero la gran diferencia fue que lo hice.

Durante estos años he visto a gente con mayor capacidad que la mía, con más recursos e ideas, pero muchos de ellos no lo han logrado. Muchos incluso lo han intentado pero no han podido y yo llegué a una conclusión.
El que logra sus metas no es un ser excepcional, lo que lo hace excepcional es haberse fijado las mismas y haber tomado acción. Yo no soy mejor que tú, no soy diferente, ni más inteligente, no soy mejor que cualquiera, lo que me hace diferente es que tomo acción.

Si tú quieres lograr un cambio en tu vida debes comenzar por creer en ti, en tus habilidades y oportunidades, aprovecharlas y realizar tus proyectos. Yo todo lo planifico, fijo mis metas, creo la estrategia para lograrlas y ejecuto el plan. No todo el mundo lo hace, algunos son buenos planificando y se quedan planificando, otros ejecutando pero sin saber qué ejecutan, pero para lograr que las cosas pasen hay que hacer que pasen, de lo contrario nada va a pasar.

Cada año mis ingresos por Internet se duplican, mis seguidores en mi lista de suscriptores o fans de Facebook o de YouTube suben, tengo 8 libros que han sido primer lugar en Amazon

Kindle en Español, 9 programas de estudio, 2 conferencias presenciales, más de 2.000 alumnos en 43 países. Mis cartas de ventas han generado millones de dólares en los últimos dos años y hasta ahora siento que estoy empezando.

Tu vida puede ser igual que la mía con las mismas horas, los mismos minutos, las mismas preocupaciones e inquietudes. Seguramente yo tengo las mismas preguntas que tú, a lo mejor las mismas metas, y sé que si estás leyendo este libro, tienes las mismas ganas.

Si te cuento mi historia no es para alabar lo que hago, es para mostrarte que tú lo puedes hacer y para darte el secreto que tuve para lograrlo.

El Secreto del Éxito
Te voy a compartir las claves en la que he basado mi éxito.

La primera es la pasión por lo que haces. Si tú no te enamoras de lo que haces, difícilmente lo vas a disfrutar y si no hay goce no vas a liberar la energía que necesitas para hacer realidad las cosas.

Disfruta lo que haces, en la cultura occidental nos enamoramos con la calentura del momento y vamos dejando enfriar la relación, en algunas culturas orientales como la Hindú, se van enamorando y con el paso de los años, la relación es más intensa. Como dicen ellos, se toman la sopa caliente y luego se va enfriando, nosotros la vamos calentando con el tiempo por eso nos dura siempre.

Nunca te enamores de un negocio por la calentura de ganar dinero, hazlo porque te apasiona o ve enamorándote del mismo paso a paso.

Aprende todo lo que puedas de tu pasión, desayuna, almuerza y cena con ella, conoce todo sobre tu negocio, los protagonistas de tu industria, sus vidas, sus éxitos y fracasos. Aprende, investiga y aplica. Asiste a eventos de tu industria, conoce qué viene, qué funciona y qué no.
Conviértete en el experto de tu industria.

Planea todo, dibuja tu negocio, si lo haces en papel, será más fácil visualizarlo. Traza un plan, luego una estrategia para ejecutarlo, fija metas con fechas claras, analiza qué necesitas para cumplirlas.
No abarques mucho, usa el principio "uno a la vez" (lo uso en mi curso doblatuproductividad.com). Si tienes dos o tres proyectos haz uno primero, termínalo, evalúa qué puedes mejorar, qué aprendiste y sigue con el segundo, mejorando lo que aprendiste, lo que se puede mejorar, y así sucesivamente.

Toma acción, NUNCA te des por vencido, nunca te rindas, si ves que no puedes, da un paso atrás, analiza qué puedes hacer, cómo puedes hacerlo y vuelve a intentarlo. Las batallas se pueden perder, pero la guerra no. Si no lo intentas nunca sabrás si lo podías hacer.

Si te equivocas ganas porque aprendiste algo y si aciertas ganas porque lo lograste, entonces ¿por qué no lo haces si de todos modos vas a ganar?

Persevera, el éxito siempre viene acompañado de dificultades que debes superar, son pruebas que se ponen en el camino para medir tu temple, no te detengas ante el primer obstáculo, insiste, muchas veces estás a punto de lograrlo y tiras la toalla antes de hacerlo.

Trabaja, trabaja y trabaja. Dicen que el único lugar donde

éxito está antes que trabajo es en el diccionario. No vas a lograr nada si no trabajas y mucho. Lo que pasa es que tienes que hacerlo inteligentemente. No el que trabaja más duro es el que triunfa, hay que trabajar duro, disciplinadamente pero inteligentemente.

Cree. Cree en ti, en lo que haces en la forma como lo haces, cree en tu ser superior, en tu familia. Si creemos tenemos fe y la fe es la mejor compañera del éxito.

Ten un propósito, ¿cuál es tu por qué? Qué te mueve, qué hace que te levantes aunque no lo quieras hacer, qué quieres cambiar, por qué lo quieres hacer.

Yo hago lo que hago por mi familia, por su bienestar, porque quiero cambiar el mundo, porque creo que la mejor manera de hacerlo es a través de ser dueño de tu propio negocio. Yo quiero tener un Millón de Millonarios en el mercado hispano.

Si sabes por qué haces lo que haces, será más fácil que otros compartan tu sueño.

Da, da, da. La única manera que existe para recibir es dando. No pienses que si das todo no vas a poder vender tu curso o lo que quieres vender. Siempre tendrás más para dar, es una ley universal. La mejor estrategia para tener un negocio exitoso es si das más de lo que ofreces.

Agradece. Siempre agradece lo que recibes, por pequeño que parezca. Es otra ley universal, tu cerebro no distingue cantidades, si no estás contento con el dinero que recibes no recibirás más dinero. No te estoy diciendo que estés conforme con el dinero que recibes, te estoy es diciendo que debes agradecer lo que ganas, mucho o poco, agradece siempre.

Si ves a alguien que gana dinero, disfruta, alégrate que esté ganando. Si crees que el señor Carlos Slim es un avaro millonario internamente estás bloqueando tu cerebro a buscar ser millonario. Si el señor Slim es millonario es porque ha trabajado fuerte para lograrlo. Admira a los ricos si quieres ser uno de ellos.

Nunca pienses que no puedes ganar más porque no lo mereces, nunca digas que no ganas más porque pagarás más impuestos o porque los políticos corruptos se llevarán tu dinero. Tu propósito en tu vida es llevar bienestar a los tuyos y quienes comparten tu visión, si hay gente corrupta, serán ellos lo que tengan que cargar con ese pecado. Nunca te prives de ganarlo porque otro se va a favorecer por lo que ganas, piensa en lo que te vas a favorecer tú.

Lleva una vida ordenada, sana contigo mismo, con tu familia y con el Creador. Haz las cosas BIEN, por el camino correcto, honestamente, con ética, sin sacar ventaja, sin atajos y vivirás tranquilo, con la claridad mental que te permita crecer y no con la angustia que un día puedes perder los que has construido por no hacer las cosas como las debes hacer.

Estos son algunos de los secretos que aplico en mi vida, que han sido responsables de lo que he logrado. Este capítulo de este libro lo que busca es inspirar y creo que contándote en detalle mi historia lo voy a lograr.

Quiero verte triunfar, quiero ayudarte a lograrlo, visita mi blog www.comoempezarunnegocio.com_ y regístrate gratis a mi seminario virtual "7 Pecados que TODO Emprendedor DEBE Evitar". Ese evento te ayudará a construir tu negocio como yo lo he hecho, son las mismas bases que he usado para construir el mío.

Déjame tus comentarios, me gustará saber de tus progresos, recuerda, yo no soy mejor que tú, y si yo pude tú también puedes.

Abrazos,
Luis Eduardo

"Y recuerda que el éxito es mejor buscarlo, que sentarse a esperarlo".

Luis Eduardo Barón
Es consultor empresarial, autor, conferencista.
Fundador del intitutodenegocios.com
Puedes saber más de él en:
www.ComoEmpezarUnNegocio.com

Persigue Tu Sueño

Por Álvaro Mendoza
www.mercadeoglobal.com

Déjame que te cuente mi historia, cómo empecé en esto del *Marketing por Internet*. Podría definirme como un emprendedor. Existen muchas definiciones para el término "emprendedor", pero básicamente se trata de una persona que organiza, empieza, opera una o varias empresas. Obviamente, se trata de una persona que está dispuesta a asumir cierto tipo de riesgo, no solamente financiero y económico, sino en cuanto a tiempo, en cuanto a las críticas que va a recibir.

Cuando yo empecé en esto del *Marketing*, allá por el año 1998, no había nada de lo que se conoce hoy. Nadie sabía qué era esto de Internet. Hoy las cosas han cambiado mucho, de hecho, ya nadie concibe un mundo sin Internet. Todo lo hacemos hoy a través de la Internet: transferencias bancarias, compra de *tickets* de avión, muchos incluso realizan la compra semanal en el supermercado a través de Internet.

Pero una de las cosas más maravillosas que nos ha dado este medio es la posibilidad de disfrutar el Estilo de Vida de Internet. ¿Qué es el Estilo de vida de Internet? Sin duda, lo más interesante es que puedes disfrutar de una libertad que nunca podrías tener trabajando ocho horas, cinco días a la semana, en una empresa. El Estilo de Vida de Internet te proporciona tiempo para hacer lo que realmente quieres hacer: pasar más tiempo con tu familia, viajar, conocer, dedicar tu tiempo a lo que realmente te apasiona.

En mi caso, ni siquiera lo considero un trabajo, ya que me dedico a mi pasión, y esta es una de las claves más importantes, debes hacer todo con pasión, un deseo ardiente y una pasión genuina que te impulse. Me beneficio de un montón de ventajas: no estoy atado a un horario, no tengo que estar en una oficina de ocho de la mañana a cinco de la tarde, puedo trabajar desde la comodidad de mi casa, puedo organizar mis horarios como quiera, pasar más tiempo con mi familia, tomarme un día libre cuando lo necesite... Además, no tengo que rendir cuentas a nadie.

Aunque hay algo que debes saber: esto no ocurre desde el primer día. De hecho, la mayoría de los emprendedores al principio trabajan mucho más que cualquier empleado, a veces incluso el doble. Sin embargo, no debemos perder de vista que esta inversión de tiempo, a la larga, nos va a proporcionar todo eso que andamos buscando, toda esa libertad y la satisfacción de tener nuestro propio negocio. Por lo tanto, es muy importante no desfallecer en el camino.

Vamos a caernos más de una vez, pero cada vez, tendremos que levantarnos. Y cada vez que nos levantemos lo vamos a hacer con fuerzas renovadas, cada vez más convencidos de que lo que estamos haciendo es lo correcto. Vamos a trabajar y mucho, como dijo Albert Einstein: "El genio se hace con un 1 % de talento y un 99 % de trabajo", es decir, cualquiera puede tener éxito, pero debe estar dispuesto a trabajar duro.

Aquí es donde toma especial importancia la perseverancia. Debes perseverar, siempre. En todo en la vida, para cualquier objetivo que pretendas alcanzar, la perseverancia es vital. En la vida, sobre todo cuando eres emprendedor, te vas a encontrar un montón de obstáculos, gente que te va a decir que lo que estás haciendo es una locura. Pero quizá los obstáculos más difíciles de superar son aquellos que nos ponemos nosotros mismos. Es muy importante que seamos capaces de mantener la mentalidad correcta para poder enfrentarnos a todos los desafíos que se nos van a presentar, y créeme que van a ser muchos.

Como te contaba, cuando yo comencé la Internet no existía nada de todo lo que hoy conocemos. Yo llegué a los Estados Unidos desde Colombia, en aquel momento mi país estaba atravesando momentos muy complicados. Por entonces yo trabajaba de psicólogo, tenía mis pacientes, pero desafortunadamente me quedé sin trabajo. Se me terminó el contrato que tenía con el Estado y, de la noche a la mañana, no sabía cómo iba a pagar mis cuentas al mes siguiente.

A pesar de este duro revés, me di cuenta de que este despido era una gran oportunidad para mí. Yo siempre me había sentido fascinado por la tecnología y el mundo de Internet y tenía un gran deseo de aprender. Por aquel entonces todo esto estaba naciendo en los Estados Unidos y, siendo yo bilingüe, me pregunté: "¿Por qué no tomarme un avión a los Estados Unidos para aprender todo esto?". Y eso fue lo que hice.

Llegué a los Estados Unidos para empaparme de toda la tecnología, para aprender. En aquel momento me fui al norte del país y la verdad es que nunca pude acostumbrarme al frío y a la soledad. Pero aproveché muy bien ese primer año para empaparme bien de cómo funcionaba toda la tecnología, para educarme, para aprender. Y así fue como nació Mercadeo Global y empecé a desarrollar mi primer producto: un libro digital que vendía en mi sitio Web en forma de membresía.

En aquellos tiempos ni siquiera podía estudiar un caso de éxito para modelar, porque era algo completamente nuevo. En cierta manera, avanzaba a ciegas. No había a quién seguir, es más, ni siquiera sabía si realmente se podía ganar dinero en la Internet, así que me tocó aprender a las malas: me caía y me levantaba, me caía y me levantaba…

Cometí errores, muchos errores, y aún los sigo cometiendo. Pero, como te comenté, hay que tener la perseverancia y la constancia para levantarse después de cada tropiezo. Hay que levantarse una y otra vez, sin desfallecer, hay que levantarse y corregir el curso. Como dice un proverbio japonés, "El éxito es caerse siete veces y levantarse ocho".

Se te van a presentar muchos problemas, tanto externos como internos. Seguramente, la gente más cercana, tus amigos, tu familia, serán los que más te frenen en tu empresa. No lo hacen por maldad, en realidad creen que te están ayudando cuando te dicen que lo mejor es trabajar en una compañía, con tu cheque asegurado a fin de mes y todos los beneficios que esto te proporciona. Pero seguramente el mayor obstáculo seas tú mismo, tus pensamientos, tu mentalidad.

Probablemente ni siquiera seas consciente, pero nos programan desde chiquitos, introduciéndonos la idea de que el dinero es malo, que el dinero no crece en los árboles. ¿Cuántas veces hemos oído aquello de "Pobre pero honrado"?, casi diciéndonos que aquel que tiene éxito y dinero no puede ser honrado. Esas barreras mentales, esos pensamientos limitantes que nos meten en la cabeza desde pequeños, muchas veces pueden hacer que nos bloqueemos y nos boicoteemos a nosotros mismos en nuestro proyecto, en nuestro emprendimiento. Por eso, además de la perseverancia y la constancia, debes tener la fortaleza para tener una mentalidad correcta.

Ten en cuenta que ser emprendedor significa ir en contravía de todo lo que el resto está haciendo y, por lo tanto, vas a recibir muchas críticas. Pero es precisamente por eso que debes aprender a tener una mentalidad correcta: debes aprender a filtrar los mensajes que te llegan, aprender de quién puedes o debes recibir un consejo. Por ejemplo, ¿me dará un buen consejo de negocios alguien que no tiene un negocio? Seguramente no. Si necesito un buen consejo sobre negocios, sin duda la persona que mejor puede aconsejarme es aquella que ya tiene un negocio exitoso.

Aquí nos encontramos con algo clave, que es que debes modelar a otros que ya han tenido éxito. Por modelar me refiero a seguir los pasos que han dado estos emprendedores exitosos. Por supuesto no se trata de copiar lo que han hecho ellos o copiar sus productos, pero sí puedes estudiar cómo han convertido un negocio mediocre en un negocio exitoso. Puedes ver qué están haciendo, cómo lo están haciendo, qué puedes aprender de ellos, qué puedes modificar para imprimir tu sello personal. Es vital que estés educándote y aprendiendo continuamente, pero tienes que innovar.

Y para innovar tienes que conocer a tu público objetivo de la forma más profunda posible, tienes que conocerlo como la palma de tu mano. Tienes que hacer la respectiva investigación de mercado, tienes que saber quién es tu cliente ideal, tienes que saber qué es lo que lo desvela de noche en relación con lo que tú vendes u ofreces. Tienes que saber cómo le gusta consumir la información, qué tipo de cuestiones lee, dónde se congrega. Tienes que conocerlo como la palma de tu mano.

Muchos emprendedores hemos cometido el siguiente error: creamos un producto y después vemos a quién se lo vamos a vender. En realidad, el proceso tiene que ser a la inversa, primero tenemos que conocer a nuestro mercado, nuestro público objetivo, sus necesidades, los problemas que tiene ese mercado. Y entonces, ofrecerle las soluciones para ese problema. Esto es muy importante.

Además, y esto es clave, hacer un análisis de tu competencia te va a permitir innovar y ser diferente de lo que está haciendo todo el mundo. Tienes que saber quién es tu competencia, qué están vendiendo y cómo lo están vendiendo. Cualquier información sobre sus productos: color, sabor, empaque, precios, cuáles son sus métodos de marketing; si están vendiendo o no están vendiendo por Internet, cuáles son las estrategias de comunicación con sus prospectos, cómo están prospectando, cómo están fidelizando, cómo están haciendo todos esos diferentes procesos. A partir de aquí, puedes buscar una forma en que tú te diferencies de los demás, de tu competencia. Porque tienes que diferenciarte, algo debe hacerte único en tu industria. ¿Por qué habría alguien de comprarte a ti y no a otro? En este punto es donde introducimos un concepto específico y muy importante de marketing, que es "la proposición única de ventas".

¿Qué es la proposición única de ventas? La proposición única de ventas es aquello que te hace diferente, que te hace único en tu industria, que te hace único en tu sector. Una posición diferenciadora, una proposición única de ventas, algo que empuje a nuestro prospecto a comprarnos a nosotros y no a otro. Pero además de tener nuestra proposición única de ventas, debemos saber comunicarla al mundo de forma clara. Si tú eres el único que lo sabe y ninguno de tus empleados o nadie de tu gente sabe cuál es el posicionamiento diferenciador de tu empresa, cada uno va a estar comunicando un mensaje completamente diferente al mercado. Así que, insisto porque esto es muy importante, hay que diferenciarse y saber comunicarlo.

Nosotros los emprendedores estamos continuamente educándonos, asistiendo a seminarios, comprando cursos… pero solo con esto no basta. De nada sirve que compres cursos si después no pasas a la acción. A mí me gusta usar la palabra EDUCACCIÓN para referirme a esta combinación de educarse y pasar a la acción, de aplicar lo que hemos aprendido. Yo podría haberme quedado continuamente educándome, pero si uno se queda estudiando y estudiando y nunca pasa a la acción, pues no va a conseguir absolutamente nada.

Así que ya sabes, edúcate, estudia a tu nicho de mercado, tu prospecto ideal, estudia a tu competencia, ¡y toma acción!

Pasa a la acción, no te enamores de tu producto. ¿Qué quiero decir con esto? Hay mucha gente que tiene una excelente idea y elabora un producto interesante y novedoso, pero ahí se queda. Nunca pasa a la acción porque "Mi producto no está terminado", "Quiero que mi producto sea perfecto", "Ay, todavía me falta esto", "Lo estoy actualizando", y otras muchas excusas. Quizá sea miedo al fracaso, a cometer errores, pero como te dije, cometer errores es bueno, es una oportunidad para saber qué tenemos que modificar, en qué debemos enfocarnos. Debes lanzar tu producto, testearlo, no hay que buscar la perfección. No importa si la carta de ventas está a medias, tenemos que lanzarlo para testearlo y después ya iremos corrigiendo lo que necesitemos. Si buscamos la perfección, esto nos va a impedir avanzar. Una vez más, la clave es tomar acción, equivocarse y aprender de nuestros errores.

Por ejemplo, nosotros vendemos cursos de *Marketing en Internet*, nos basamos en una experiencia de años en que hemos ido perfeccionando las técnicas de *marketing*. Sin embargo, mucha de la gente que compra nuestros productos o servicios, en realidad nunca los pone en práctica. Un pequeño porcentaje va a leer todo el curso y completar el entrenamiento, y un porcentaje aún menor va a pasar a la acción y aplicar lo que aprendió. No nos sirve de nada comprar un montón de cursos si no pasamos a la acción. Quizá nos sirva para acumular más conocimiento, pero ¿de qué me sirve ese conocimiento si no lo uso para nada y no lo comunico?

Cuando inviertes en tu educación, estás comprando el tiempo de experiencia de otra persona que ya pasó por lo que tú estás pasando. Vas a acelerar notablemente tu curva de aprendizaje, y la mejor forma de acelerar esa curva de aprendizaje es modelando a esas personas que ya han tenido éxito. Educarnos con la persona correcta va a hacer que no cometamos algunos errores típicos que otros ya han cometido, cuando todo esto estaba naciendo y no teníamos una guía. El éxito deja huellas y, como buen explorador en el mundo de los negocios, debes seguir esas huellas.

Por suerte, ahora sí contamos con esa guía que nos permite enfocarnos en nuestro emprendimiento. Si quieres tener tu propio negocio por Internet, debes aprender de alguien que ya está teniendo éxito en esta empresa. Así que debo educarme con la gente adecuada. Y muy seguramente tendré que leer ese libro que compré no una, sino dos, tres, cuatro veces, para encontrar cada vez esas pequeñas cosas, a veces realmente clave, que se me han escapado en una lectura anterior.

Hay montones de posibilidades para tu educación continuada: libros, cursos, coaches o entrenadores, seminarios, *masterminds*, asesores cuando necesitas una asesoría... la educación es algo constante. Incluso cuando ya has alcanzado el éxito debes seguir educándote. Yo sigo educándome, gran parte de mis ingresos los reinvierto en educación. No pienses que ya lo sabes todo, y esto es clave: hay que ser humilde. Tú no puedes saber todo, quizá haya una parte de tu negocio para la que debas solicitar ayuda. Por ejemplo, hay quien tiene un producto maravilloso pero no tiene conocimiento sobre cómo realizar conversiones, o quizá no entiende demasiado bien toda la parte técnica para automatizar el envío de *mails*. Por lo tanto, deberá consultar a un experto en conversiones, a un experto en autorrespondedores, y aprender de ellos para poder desarrollar esta parte del negocio.

No podemos pensar que las sabemos todas, eso no funciona. Cuando uno pierde la humildad y cree que se las sabe todas, de la noche a la mañana se va a caer de la cima a un lugar incluso por debajo de cuando estaba empezando desde cero. Por ejemplo, yo capacito a otros emprendedores y, créeme, sigo aprendiendo de todos ellos. Hay que ser humildes y tener la mentalidad abierta para aprender de otra gente que quizás sepa menos que tú en algunas áreas. Tienes que hacer alianzas estratégicas con aquellas personas que fortalezcan tus debilidades y, a su vez, tú fortalecer las suyas.

Aquí me parece oportuno darte mi definición de *marketing*: *Marketing* es toda aquella actividad que te permita establecer y mantener relaciones de mutuo beneficio para todas las partes involucradas. Interesante, ¿verdad? El *marketing* no consiste en tener un bonito blog, hacer campañas de pago por clic o estar en Facebook. De nada te va a servir todo esto si no cultivas las relaciones. Si tienes un producto maravilloso, un producto excelente, pero nadie te conoce, no vas a poder implementarlo en el mercado.

Debes cultivar las relaciones y, por supuesto, ser humilde. Como en cualquier otra cosa en la vida, lo más importante son las relaciones. Si tú no cuidas tus relaciones porque perdiste la humildad, porque te crees más o te crees superior al resto, todo el castillo que has construido con esfuerzo a través del tiempo se te va a venir abajo. Si crees que no necesitas del resto para poder crecer y mantenerte, los cimientos de ese castillo o las paredes se van a derrumbar. Tu castillo, tu imperio está hecho en base a las relaciones que tú tengas y mantengas con los demás, especialmente con tus colegas, con tus competidores. Si rompes esa confianza, si te crees más y dejas de ser humilde, ese edificio se desploma de la noche a la mañana. Y una vez que se derrumba, nunca más va a poder volver a ser levantado. Así que, lección de humildad.

Pero recuerda que toda esta información, todo este conocimiento que has ido adquiriendo no va a servirte de nada si no pasas a la acción. Sin embargo, no puedes pasar a la acción a lo loco. Y aquí es donde el *marketing* y la Internet son nuestros grandes aliados. Hoy en día todo es susceptible de ser medido. Tú no eres una excepción, debes hacer tus mediciones: debes hacer tu estudio de mercado, analizar tu nicho de mercado, realizar tests, medir todo esto y realizar modificaciones para seguir testeando. Muchas veces tu producto es el correcto, pero lo estás dirigiendo al público equivocado. Si no conoces bien a tu público objetivo, vas a encontrarte con muchos dolores de cabeza que podrías haber evitado fácilmente.

Además de todo esto, debes tener en cuenta que un negocio en Internet no es algo que se dé de la noche a la mañana. Muchos nos venden la idea de que tener un negocio en Internet es muy sencillo, tan fácil como apretar un botón y ya, así sin esfuerzo se vuelve uno millonario. Si esto fuera así, todo el mundo se dedicaría a tener un negocio en Internet. Si me preguntas si cualquiera puede tener un negocio en Internet, la respuesta es sí. Ahora, ¿todo el mundo puede tener un negocio exitoso en Internet? Claro que no.

Tener un negocio en Internet requiere mucho trabajo, la mayoría de las veces incluso más que cualquier trabajo convencional. Pero una vez que pongas en marcha la rueda, los ingresos van a llegar en piloto automático. Vas a ver que todo el esfuerzo, todas y cada una de las veces que te caíste y te levantaste mereció la pena.

Vamos a repasar las características que debes trabajar para convertirte en un emprendedor exitoso:

- Quitarte las telarañas mentales, dejar de lado todas tus ideas preconcebidas, porque no van a ayudarte en nada.

- Educarte y pasar a la acción, es decir, hacer las cosas, no solo estar haciendo garabatos de que vas a hacer algo y pasar ocupado sin hacer nada.

- Taparte los oídos con la gente que a veces te limita, aunque no te quiera hacer mal te está deteniendo en tu éxito.

- Sigue las huellas del éxito, emula a otros que ya han tenido éxito. Esto te evitará muchos dolores de cabeza.

- No tengas miedo a cometer errores y aprender de ellos.

- Establece relaciones de confianza y alianzas estratégicas.

- Diferénciate, esto es fundamental. ¿Qué tienes distinto para ofrecer? ¿Qué tienes que otros no tienen?

Vamos a hablar ahora de *Marketing*. ¿Cuál era mi definición de *Marketing*? *Marketing* es toda aquella actividad que te permita establecer y mantener relaciones de mutuo beneficio para todas las partes involucradas. ¿Y por qué esto es tan importante? Porque si nadie nos conoce, si nadie sabe lo que estamos haciendo, entonces nadie nos va a comprar.

Ahora, en esto de las relaciones no solo entran en juego los aliados estratégicos o los mentores que vas a necesitar, sino también los prospectos. ¿Y qué es un prospecto? El prospecto es ese cliente potencial que va a comprar tus productos o servicios y, antes de esa primera venta, necesitas establecer una relación con él. Para esto debes ofrecerle contenidos de calidad, material gratuito para ir trabajando la confianza y credibilidad. Puede ser a través de un blog, de boletines electrónicos, de un regalo o chantaje ético, como yo lo llamo.

Alguien que no nos conoce, no nos va comprar, así que antes de cualquier venta debemos trabajar en esto. Puedes por ejemplo ofrecer un reporte como "¿Cuáles son las 7 claves del éxito?", "Conoce los 10 secretos para perder peso rápidamente", o cualquiera que corresponda a tu nicho de mercado. Puede ser en forma de texto, de audio, de video… Es entonces cuando a cambio les vamos a pedir su *e-mail*, este sería el chantaje ético. A partir de aquí, vas a poder construir tu lista, esto es clave, porque en Internet el dinero está en la lista.

Estos prospectos, si tú les estás ofreciendo contenidos de calidad, se van a convertir en clientes y, a su vez, estos clientes se van a convertir en clientes que te compren una y otra vez. Recuerda que es crucial que conozcas bien a tu prospecto, eso que has estado trabajando en la etapa previa de investigación: cuáles son sus necesidades, cuál es ese problema que no lo deja dormir por la noche, qué soluciones puedes ofrecerle a ese problema… Si has hecho bien tu tarea, la venta se hará casi sola. A veces puede que no sea el momento correcto, pero cuando este llegue, vas a realizar la venta sin mayor problema, confía en tu producto. Si has realizado tu investigación de mercado, debes confiar en tu producto.

Hay muchos emprendedores que, al no confiar plenamente en su producto, no pueden establecer un precio adecuado. ¿Será que es muy caro? Todos hemos tenido este temor, hasta que realizamos la primera venta. Por ejemplo, me acuerdo de que yo intenté hacer muchísimos negocios. Empecé muchos negocios y muchos de estos fracasaron. Recuerdo que yo veía por ejemplo una oportunidad y trataba de ver cómo podía explotar eso para hacer dinero, cómo podía montar una empresa o cómo podía hacer algo directamente relacionado con esto. Empecé muchos negocios…

Pero me sucedió algo que yo considero que fue un momento definitorio. Allá por el año 2005 hice un primer gran lanzamiento de un producto por Internet. Se trataba de un libro de Mark Joyner, que se llamaba *Reporte Confidencial de Inteligencia en Internet*, y del cual yo compré los derechos, le compré a él los derechos de ese libro. Lo traduje al español e hice un gran lanzamiento. En el mercado americano se vendía ese reporte a 97 dólares, y yo lo vendía en el mercado hispano a 97 dólares pero en español.

Por esos días, hice otro lanzamiento que duraba 24 horas. Era un producto de 97 dólares y, si la memoria no me falla, se superaron las ventas en más de 20.000 dólares en un solo día, en aquel entonces. Y ese fue un cambio de mentalidad. Yo nunca había hecho tanta plata en un solo día y menos en aquella época, en 2005. Eso a mí me rompió muchos paradigmas, porque yo veía eso extremadamente lejos. Ahí me di cuenta de que realmente se puede hacer dinero en Internet, esto marcó un antes y un después.

Con esto te quiero decir que, muchas veces, ni siquiera hace falta que tengas ya tu propio producto. Hay muchas formas de hacer dinero en Internet, como puede ser un programa de afiliados, por ejemplo. Puedes vender los productos de otra persona a cambio de un porcentaje mientras vas desarrollando tu propio producto o servicio. Esto tiene la ventaja de que vas a empezar a trabajar con un producto que ya está comprobado que funciona. El mismo caso se da cuando compras una franquicia.

Debes tener en cuenta que no puedes trabajar con un solo producto, te aseguro que así no vas a volverte rico. Este suele ser un error bastante común, pensar que con un solo producto uno puede volverse rico. Así te vas a enfocar solo en una venta, una venta, una venta… y no en fidelizar a los que ya te compraron.

¿Cuál es el cliente más fácil para venderle tu producto? Aquel que ya te compró una vez y que ya confía en ti. Entonces, si tú te centras en la venta de un solo producto, estás dejando de ganar mucho dinero, porque realmente, las fortunas en Internet se construyen en las segundas, terceras, cuartas, quintas ventas. Si ya tienes un producto exitoso, ¿por qué no hacer una actualización o una ampliación? Escucha las preguntas de tus clientes, verás que la mayoría de las veces hay inquietudes que se repiten. A partir de ahí, puedes lanzar un nuevo producto que, en cierta manera, ya tiene una aprobación anterior. Así que más importante aún que tu lista de prospectos es tu lista de clientes, aquellos que ya confiaron en ti una vez.

¿Y qué hace un cliente satisfecho? Recomendarte a sus amigos, a su familia, a sus conocidos. Entonces, de prospecto pasa a cliente, de cliente a cliente que te compra una y otra vez y, de ahí, pasa a ser un evangelizador de tus productos. Te recomienda entre sus amigos y conocidos y la cadena va creciendo, los ingresos vienen solos en piloto automático. Además, no solo eso, sino que muy posiblemente este cliente está expectante cuando vas a lanzar un nuevo producto.

Hay muchas técnicas de *Marketing directo*, yo llevo mucho tiempo dedicándome a esto de la formación, a ayudar a nuevos emprendedores a descubrir todo su potencial. Por ejemplo, uno de los cursos más exitosos que tengo es en coautoría con mi colega Luis Eduardo Barón. Tenemos muchos alumnos en el curso de **Celebridad Instantánea**. Se trata de un curso de formación de 12 semanas, donde le enseñamos a la gente cómo convertirse en el experto número 1 o en la celebridad de su propio nicho de mercado. ¿Te imaginas cuánto tiempo te llevaría llegar a este punto desde cero?

Otro curso que está teniendo mucho éxito es **Internet para Emprendedores**, también en coautoría con mi colega y amigo Luis Eduardo. En este curso de 28 módulos puedes encontrar todas las claves de *Marketing por Internet*, te guiamos de la mano de la A a la Z para que puedas desarrollar tu negocio por Internet y, por supuesto, que sea exitoso. Ya tenemos muchos casos de éxito entre nuestros alumnos, algunos de ellos realmente muy interesantes. Además, este curso incluye la inestimable ayuda de otros colegas expertos para apoyarnos en las distintas áreas. Si yo no me siento demasiado confortable en la parte de promoción por Facebook, ¿a quién debo preguntar? Sin duda a un experto en promoción por Facebook. Como te decía antes, las alianzas estratégicas son clave para cualquier emprendedor.

Y trabaja siempre con pasión, ningún sueño es demasiado grande. Como dijo Via Niall Labour: *"Si te llaman loco por seguir tus sueños, demuéstrales que lo tuyo no tiene cura"*.

Todo proyecto nació como un sueño, así que persigue tu sueño, con pasión. ¡Si yo pude, tú también puedes!

Tu Despertador De Éxito Y Felicidad:
Vivir de tus talentos y sueños

Por **Karín Barki**
www.karinbarki.com

La consecuencia de la educación – ¿trampolín o cueva?

*"La educación es el arma más poderosa que puedes
usar para cambiar el mundo".*
Nelson Mandela.

Cada uno tiene una leyenda personal única y maravillosa digna de ser contada.

Nuestra misión es encontrar lo que nos hace vibrar aprovechando lo que somos y nos hace disfrutar de la vida para llegar a vivir de nuestra grandeza.

Nací en París donde estaba destinada a retomar con mis hermanos la empresa familiar. Mi abuelo sefardita ganó la nacionalidad francesa al luchar al lado de los franceses durante la Primera Guerra Mundial. Luego montó su empresa en 1919 tras haber sido despedido de la empresa que le contrató antes de la guerra.

La circunstancia de nuestros antepasados es una guía para nosotros, a veces un ejemplo para seguir, no un camino automático para repetir. Cada persona nace con su propósito de vida, nuestro objetivo es encontrarlo, en base a lo que somos, no a lo que otros quieren para nosotros según lo que han vivido o no durante su vida.

Las expectativas de nuestro entorno educacional, la mirada de nuestra familia y sociedad pueden hacer el efecto de un encantamiento que cambie el rumbo de nuestra vida para mejor como para peor. Todo lo que vemos y escuchamos hace el efecto de un formateado que cuesta luego resetear. Cuando nacemos, venimos con una historia virgen y un propósito de vida, unos talentos y un carácter que la propia vivencia va a permitir hacer lucir, o enterrar sin más.

Si nací en un entorno emprendedor que ha nutrido seguramente mi carácter y mi amor por explorar nuevos lugares o emprender nuevos proyectos, he tenido que alejarme de este ambiente nocivo y castrador que me impedía crecer.

Cuando estamos etiquetados, tenemos dos opciones: seguir con esta etiqueta toda la vida, o buscarte las etiquetas que quieres asignarte.

Para ilustrar este primer concepto quiero empezar por una historia:
"Cuentan que un águila nació un día en medio de un corral, sin nadie de su especie a su lado. Las gallinas que lo acogieron con mucho amo, lo criaron enseñándole todo lo que sabían hacer y cómo les gustaba vivir. El águila, se sentía uno de ellos y disfrutaba de su vida de "gallo" adoptivo sin más, hasta que descubrió algo fascinante en el cielo. Un ave majestuosa volaba encima de su cabeza con sus alas inmensas. No conocía aquel animal cual aspecto le impresionaba: sus alas largas y anchas, sus patas grandes y fuertes con unas garras muy afiladas. Tenía una especie de collar de color dorado en su cuello, como una corona real. Lo que más admiraba era su capacidad de quedarse planeando en el aire durante horas.

A partir de ese día, empezó a soñar y verse como este volador majestuoso rápido al que quería parecerse. *Se preguntaba sin cesar: ¿Cómo hace para volar? Reflexionaba mucho, deseaba sentir aquella experiencia de libertad, pero se repetía: él, sí puede, pero yo, ¡no puedo!*

Pasaron los años, y su sueño de convertirse en águila se quedó en una fantasía que nunca pudo hacerse realidad. El día que sintió su aliento apagarse, pensó en aquella espléndida ave, y se murió triste y frustrado de no haber sido de la familia de esos Accipítridos".

¿Cuántas veces abandonamos los sueños pensando que no se pueden lograr? ¿Cuántas personas nacen en un entorno que les impide crecer, y se sienten como el patito feo de la familia? ¿Y cuántos talentos o descubrimientos se han disipado por quedarse en un ambiente favorable al *statu quo*, con miedo al cambio?

Imaginaros todo lo que se ha perdido de vivir esta águila nacida entre los gallos, sólo por no saber quién era y no creer en sus capacidades, probando lo que su corazón le susurraba a través de sus sueños.

El amor de nuestro entorno tiene a veces cadenas que trata de romper si no sirven a **nuestro propósito de vida es convertirnos en el ser grande y espectacular que somos.** Tenemos el deber de ser quienes somos, no el clon de nuestros padres o hermanos, ni tampoco vivir la vida que les hubiera gustado gozar. Cada uno tiene una vida. Lo que no se vive está perdido, nadie lo puede vivir en su lugar, y menos los hijos.

Este es un encantamiento terrible que algunos padres, sin mala intención, imputan a sus hijos para que reparen lo que ellos no fueron capaces de construir.

Tenemos cada uno talentos y capacidades que hacen de nosotros una persona única y extraordinaria ·si los usamos. Si eres un águila, vuela como un águila, si eres una hormiga trabaja y anda al ritmo de la hormiga consiguiendo grandes cosas, si eres un castor construye como él... Igual que en el mundo animal, cada uno tiene sus características y su función, reconoce las tuyas. Ninguno de ellos se plantearía ser otra especie de la que nació.

¿Por qué los humanos vivimos siendo quienes no somos o viviendo la vida de otra persona?

Tus sueños: el poder y el motor de tu felicidad
"La posibilidad de realizar un sueño es lo que hace que la vida sea interesante". Paulo Coehlo.

Eres el héroe de tu propia leyenda. Si has entendido lo contrario, estás a tiempo de cambiar el rumbo de la historia para que escribas el desenlace y el final de tu propio destino. Es cuestión de proponértelo. Tus sueños son las claves de todo. Si lo sueñas lo puedes lograr, decía Walt Disney. Este soñador sabía de qué hablaba, cuando vemos el enorme legado y el imperio que pensó y dejó creado para el mundo.

El sueño es nuestro motor que nos alza hacia la cima de lo que podemos llegar a ser. Es nuestra brújula que nos guía y nos impulsa en el camino. El sueño tiene una fuerza motriz increíble que aunque tardes en llegar, te sigue inspirando y poniendo en movimiento indefinidamente. Este movimiento es como un baile que no se para nunca, te da vida, ilusión, pasión, entusiasmo, amor, felicidad, éxito.

El sueño te hace vivo, grande, visionario, y conecta con tu alma de niño que vive en el mundo del "todo es posible",

"todo se resuelve", "la vida es un juego".

Mira los soñadores que vieron apenas sus sueños cumplirse, como Martin Luther King. El sueño lo guió y lo convirtió en otra persona. Hubiera podido quedarse en su barrio con su familia sin más historias. Pero apostó por los derechos de los negros americanos, sin medir el precio que iba a pagar. Hizo de su dolor un propósito de vida cual principio es un sueño. Nada ni nadie lo pudo parar, ni siquiera la muerte. Su sueño no se murió con él. Al contrario, su muerte sirvió a su causa y su propósito de vida más allá de lo que hubiera imaginado.

Si el ejemplo de Martin Luther King te parece un caso aparte, extraordinario e inalcanzable, será porque no llevas dentro este mensaje para el mundo, y está bien así. Tu sueño es otro: el de tener una familia, emprender, ayudar a personas a ser más felices, ser padre, crear una escuela en Asia...construir un puente, subir al Everest...**Sea lo que sea tu sueño, enamórate tanto de tu proyecto que nada ni nadie te pueda parar.** Todos los soñadores lo dicen: llegar a concretar el sueño es maravilloso pero no tanto como la tensión y el entusiasmo que te nutren durante todo el recorrido que tienes que hacer para lograrlo.

El sueño es un objetivo que da la energía para ponerse en marcha, superarse y sobre todo crear felicidad en el sendero que nos hace sentir vivos. No hay nada más poderoso que un propósito de vida que alimentes cada día por tu visión y las acciones que te acercan cada vez más de tu objetivo. Así que la segunda idea que quiero que te grabes a fuego en tu mente es que el camino es tan importante acaso que el sueño en sí.

Despiértate para cumplir con tus sueños
"Si deseas que tus sueños se hagan realidad, ¡despierta!".
Ambrose Bierce.

Desde pequeña sueño despierta…y mi vida ha sido un despertar constante hacia mis sueños. Me he convertido en una despertadora de sueños y mis clientes en creadores y cumplidores de visiones aparentemente utópicas. He aprendido a lo largo de la vida que **no son los estudios los que te permiten alcanzar tus sueños sino tu brújula interna intuitiva que sabe más que nadie qué sabes hacer y qué te encanta.**

Quería escribir un libro, escribí mi primera novela el año pasado. Quería actuar, bailar, cantar en un escenario, hacer cine… Me eligieron para montar un musical, actuar en varios cortometrajes y bailé tango argentino en un teatro. Soñaba con dirigir un programa de radio, hoy es una realidad con "crea tu vida" que puedes escuchar en mi página Web aunque hayan pasado las horas de emisión. (www.karinbarki.com/radio).

No soy Martin Luther King y mis sueños no son los suyos. No hay grandes ni pequeños sueños, hay seres únicos que tienen cada uno, una gasolina diferente para avanzar en la vida. El sueño, tus sueños son los ingredientes de tu felicidad y del mundo. Si eres feliz, tu entorno está feliz, y generas a tu alrededor una fuente de felicidad que nutre a todos. Si encima tu propósito de vida es el de ayudar a otros, el círculo virtuoso es exponencial. El sueño es como un viaje: cada vez que vas a viajar, la preparación ya te alegra, te anima y te ilusiona. No es tanto el llegar al destino que importa, sino el destino y el camino hacia él.

Las alas de tus sueños

Si el primer paso es el sueño, el segundo, lo habrás comprendido es poner en movimiento las alas de tu sueño en el sendero que conduce a esta visión que te hace vibrar. Caminar, correr, saltar, guatear, volar, no importa cómo lo haces siempre y cuando te acerques a tu destino un poco más. No importa lo grandes o espectaculares que son tus pasos, sino el paso en sí, aunque fuera de hormiga. Cada paso y cada momento cuenta.

Mira cuantos pasos minúsculos hizo Nelson Mandela en su prisión hasta llegar casi 30 años después a cumplir su sueño. Sé paciente, el sueño merece la pena tomar el tiempo para conseguir y compartirlo con el mundo. Y sobre todo recuerda, **disfruta del camino, cada paso es una fuente de alegría, aprendizaje y crecimiento.**

Si enfocas tu energía y todos tus pensamientos en lo hermoso de caminar hacia tu objetivo habrás tenido lo mejor. Podrás sentirte enriquecido y victorioso. Poner en marcha tu sueño ya es un éxito de lo cual puedes sentirte orgulloso y afortunado. Los soñadores que luchan por sus sueños son héroes que cambian no solamente su vida, sino que incluso, cambian el rumbo del mundo.

Cualquier sueño es un regalo para ti y para los demás. Es una energía creadora y tremendamente generadora de vida. No hablo de resultados de momento, sino de actitud soñadora, y de tu camino del aprendizaje enriquecedor de soñador.

Así que la primera pregunta que te hago para activar tu mente soñadora es:

- ¿Qué te gustaría haber logrado, vivido o experimentado si estuvieras al final de tu vida (a nivel personal, profesional y espiritual)?
- ¿Qué querías ser de mayor cuando eras niñ@?
- ¿Qué harías si te quedaran 2 años de vida?
- ¿Qué harías si tuvieras la certeza de tener éxito?

Tus respuestas tienen que darte alas interiores, cosquilleo y alegría. No pienses en el "cómo" sino "para que" te gustaría lograrlo, sin más. Piensa como los niños chicos a quienes le preguntamos: ¿**Qué quieres ser de mayor?** Sin preocuparse ellos contestan con seguridad e ilusión: policía, bailarina, piloto de avión, maestra, actor, ingeniero, cocinero, espía, superman... No se preocupan en absoluto del "cómo" o "si es realista". Hablan con su corazón .confiado pensando que si lo quieren, lo lograrán.

Carta de Greta, 7 años hablando de su sueño

43

El pensamiento creativo del sabio interior

Cuando tengo procesos de *coaching* y durante mis formaciones suelo poner en movimiento a las personas con esos tipos de preguntas y ejercicios que te pueden descolocar y te ayudan a la vez a definir quién eres. Las preguntas son unas herramientas fantásticas que Sócrates ya utilizaba con la Mayéutica. Esta técnica creada por el filósofo se basaba en la capacidad intrínseca de cada individuo para acceder a su conocimiento latente que salía a la luz por medio de las preguntas. La Mayéutica considerado como el ancestro del *coaching* impulsa al sabio interno a dar a luz a sus ideas.

Creo en ti y confío que tú sabes en el fondo quién eres y qué quieres hacer en tu vida. Lo único que te voy a proporcionar son mis preguntas para ver la situación de otra manera y ayudarte a pensar de otra forma. Así podrás dejar tu verdadero ser salir a flote. Mi método de trabajo creativo, **es la manera más rápida para llegar a entender, crear o solucionar lo que llamas problemas, dudas, conflictos o desafíos.** Eduard de Bono, lo llama el pensamiento lateral, es la base del pensamiento creativo. Dice que hay que alejarse del problema para encontrar la solución. Es lo que te propondré con algunos ejercicios y preguntas que parecerán estar fuera del asunto. ¡Confía! Este método es muy potente. Permítete hacer esta experiencia.

Además, si agregas a tu vida nuevas preguntas y nuevas maneras de pensar, encontrarás nuevas ideas, soluciones y salidas para descubrir tu nuevo "yo" y tu nueva forma de vivir. En consecuencia, descubrirás una persona que no conocías del todo, de la cual vas a ser el mejor amigo y con quien vas a hacer grandes cosas. Siempre puedes conocer algo nuevo de ti, porque las experiencias nos modelan para perfeccionar nuestro ser a lo largo de la vida.

El propósito del ser humano es el de evolucionar y crecer con el fin de encontrar su propia fuerza interior, su misión y sus talentos.

El ejercicio que te propongo ahora sirve para acceder a tu sabiduría intuitiva y encaminar tu vida a lo que realmente eres y quieres. Sin pensarlo mucho, deja tu mano escribir en tu cuaderno, contestando a estas 7 preguntas:

Si fueras un animal, cual serías?
Qué conoces de este animal que te fascina?
A quien admiras de tu entorno a quien te gustaría parecer?
Cuáles son las celebridades, personas históricas o historias que te inspiran y fascinan?
Cuáles son las biografías o historias reales que más te gustan y te conmueven?
Qué querías hacer de mayor, cuando eras pequeñ@?
Cómo quisieras ser recordado al final de tu vida?

Párate un momento y toma el tiempo de hacer tu propia tabla en tu cuaderno

	Quien/qué	Cualidades/ talentos	valores	Como lo aplico en mi vida?
Animal				
Amigos o familia				
Famoso				
Historias				
Quería ser de mayor				
Ser recordado				

Estas preguntas son pistas para indagar en tu interior cómo eres y qué es lo que te importa realmente. A veces mirar hacia fuera permite conectar con lo que somos, porque vemos mejor a los demás que a nosotros mismos.

Admiramos lo que nos es familiar, aunque no lo veamos claramente. Somos seres sociales y nuestra comunidad es lo que nos hace evolucionar o regresar, copiándola conscientemente o no. Se dice que llegamos a ser como las 5 personas que más vemos. Así que cuida tú entorno y acércate más a los modelos de vida que se parecen a lo que quieres ser y vivir. Si quieres emprender, rodéate de emprendedor, si quieres ser actor, muévete en el mundo del cine…si quieres dar conferencias, acércate al mundo de la formación. A la larga, sentirás el poder que ellos tienen, su confianza, su manera de ser y vivir en el mundo. **Si tu entorno no fue el que te impulsó, tú puedes crearlo con tu tabla que representa los valores y las personas que te importan.**

Cuando vivía en París, tenía la sensación de vivir con 20 por ciento de mis posibilidades y mi puesto de directora comercial no me llenaba en absoluto. Pensaba en mis sueños de la infancia y nada de lo que vivía se parecía a lo que vivía. Me dejé llevar por los planes de mi padre y entré en la empresa familiar después de ser comercial, yendo de puerta a puerta vendiendo enciclopedias. No estaba a gusto con lo que hacía, y soñaba con otra vida. Hacía caso a mi vocecita que me repetía constantemente: *tú eres una comercial, tu vida está aquí, cerca de tu familia. ¿Dónde vas a ir tu sola con tu hija?* Escuché la voz de la "razón" hasta que mi alegría de vivir se marchitó tanto que entré en una crisis personal fuerte. Me ahogaba yo sola, en esta ciudad maravillosa de París.

Contraté los servicios de una *coach* que me impulsó a seguir mi intuición de bailar, volar y descubrir otros horizontes. Trabajé desde casa, visitando mis clientes desde la ciudad donde decidí mudarme, en Sevilla. No conocía a nadie, ni realmente la cultura del país, pero dejé a mi intuición guiarme, y me di 1 año para probar esta experiencia en tierra andaluza. Llevo ya 14 años…

Había hecho lo que me proponía mi interior, aunque por mi familia y amigos, era una locura irse sola con una hija de 5 años. Hoy sigo pensando que es una de las mejores decisiones que he tomado en mi vida. Y pude hacerlo porque preparé mi mente a ello. Tenía mi galería de mentores que me guiaban: Dalí, Sarah Bernard, Camille Claudel, Coco Chanel y Walt Disney, entre otros. Todos rebeldes en su campo, soñadores y rompedores de cliché y barreras. Además, todas esas personas habían cambiado el mundo, y habían dejado un legado increíble. ¡YO TAMBIÉN QUERÍA! *Si lo habían podido hacer, ¡yo también podía!*

Aunque no sabía qué podía o quería aportar al mundo ni cómo, me puse en marcha antes que todo para encontrar de nuevo mi alegría de vivir e ilusión para la vida.

Esta "galería" es como mi familia espiritual, la que elijo para ayudarme a ser quien soy realmente. No me quedo con la familia en la que nací, como esta águila que se quedó en el corral. Yo me marché para volar y sentir lo que realmente me daba vida, alejándome de lo que me mataba poco a poco. (Aunque se llamase familia, seguridad o lengua materna).

Sabía lo que no quería seguir siendo como persona y estaba abierta a descubrir mi nuevo yo, más amplio que el que se sentía pequeño en París. Por esto pude entrar en una transformación y renovación de mí misma, hasta cambiar físicamente.

Todos los que quieren evolucionar y sentir su grandeza lo hacen. Si tú tienes este libro en mano, seguramente que una parte de ti también quiere sentirlo. Si muchos pudieron, tú también puedes.

 Ahora, hazte tu galería de modelos que te inspiran, para educar a tu mente a ver lo que quieres (y no basarte solamente en lo que tu educación te ha enseñado). Todo en lo que te enfocas primero mentalmente es un nuevo campo que puedes conquistar para acercarte cada día a ese ser poderoso que puede decir: *si él pudo yo también puedo.* El segundo paso es hacer lo que esas personas han hecho para obtener los mismos resultados. Este método se llama modelar. Es el arte de reproducir la receta de los que tuvieron el éxito y resultados que quieres lograr.

El arte de magia de la sincronicidad

"Mira al cielo. No estamos solos. El universo entero es amable con nosotros y conspira sólo para dar lo mejor a los que sueñan y trabajan". A. P. J. Abdul Kalam.

"La esperanza es un sueño despierto". Aristóteles.

¿Crees en la magia de la vida? ¡Yo sí! Y es una maravilla, cuando la incorporas a tu vida.

Mientras trabajaba en ese libro, un pajarito joven entró en mi casa y se chocó contra varias paredes y cristales antes de quedarse inmóvil al pie de la puerta.

Inerte, casi sin aliento, lo cogí delicadamente en una tela para abrigarle. Pensé que se asustaría al sentirse en mi mano. Pero no se movía, cerraba los ojos de manera intermitente. Le di algo de beber con migas de pan en una cucharita mientras le hablaba. Observaba su pico moverse suavemente, el agua absorbía, el pan picoteaba. Lo dejé en el borde de mi balcón mientras le acariciaba suavemente. Cerraba los ojos, y estaba tan quieto que temía por su patita…parecía concentrado, dolido. Que sorpresa fue para mí cuando a los 5 minutos de esos cuidados se lanzó a volar, y no lo vi volver más.

48

Carl Jung habla de la sincronicidad para definir la orquestación casi mágica de varios eventos que surgen y que se complementan de maravilla. Como un pájaro cansado que encuentra justo a este momento una persona que le ayuda a retomar su vuelo. O una persona que se acuerda de otra que busca trabajo para un puesto vacante.

Recuerdas todas las veces que has recibido la llamada de una persona que era la mejor para ayudarte en ese momento, o conocer casualmente a la persona que buscabas para trabajar contigo o darte el consejo que necesitabas.

La vida está llena de estos momentos mágicos que llegan cuando uno está listo, mientras buscamos.
Si estás leyendo este libro, será también porque estás tú o una persona de tu entorno en el momento idóneo como este pájaro, de subir a la mano de alguien que te permita retomar tu vuelo, y hacer lo que realmente quieres hacer de tu vida. Si él ha podido volver a volar tras su caída, sin saber cómo salir de cuatro paredes, **tú puedes también retomar fuerza, energía e ilusión, salir a explorar nuevos horizontes para disfrutar de tu enorme potencial o conseguir tus sueños.**

Cuando vine dos semanas en Sevilla de vacaciones para conocer la ciudad en febrero 2001, miré algunas agencias inmobiliarias para ver dónde podía vivir en agosto del mismo año. Como viajaba con mi hija, intercalaba las visitas culturales con tiempos en los parques para que pudiera jugar y disfrutar del viaje.

El penúltimo día, estaba jugando cuando vio a una pequeña con los pelos muy rizados y la piel morena como ella. Me dijo en francés: "mira mama, esta niña se parece a mí cuando era pequeña". La madre que escuchó el comentario de mi hija se acercó a mí para charlar en nuestro idioma. Como le pregunté donde mirar los anuncios de alquiler, me habló de una amiga inglesa que iba a dejar su piso a final de julio y me puso en contacto con ella. Volví a París, hablé con el propietario, y me instalé sin ningún esfuerzo en este piso de Triana que encontré gracias a la orquestación mágica del momento, de la persona y del lugar idóneo para servir mi propósito.

Cuando tomas consciencia de esos momentos "pájaros" mágicos, como me han pasado, te das cuenta de que **puedes confiar en la vida. Si buscas, por mucho que te equivoques de camino, encontrarás siempre la palabra, la mano de otro dispuesto a ayudarte para llegar donde tú ibas volando.** *El maestro llega cuando el aprendiz está listo.* Mientras estés dispuesto a aprender y disfrutar de la vida, el universo te será siempre favorable.

Esta simple reflexión te permite agradecer y confiar en el universo por todo lo que has podido vivir gracias a la sincronicidad de la vida.

Te propongo coger tu cuaderno y escribir por lo menos 15 eventos que has vivido donde recuerdas esa mano invisible de la vida que surgió como por magia. Detrás está tu búsqueda, aunque en aquel momento no lo provocas, llega siempre la persona, la palabra, el cambio, la novedad que necesitas en aquel momento. (que a veces es diferente de la que quieres)

1) 15 cosas que te ocurrió donde beneficiaste de una mano sorpresa que te ayudo cuando lo necesitaste
2) 15 cosas que pasaron a personas que conoces o de la cual escuchaste hablar
3) 15 eventos donde ayudaste tu a una persona que lo necesitaba
4) Si te cuesta encontrar situaciones, pregunta a 5 de tus conocidos o amigos de darte cada uno 3 eventos de ese tipo

Te propongo coger tu cuaderno y escribir por lo menos 15 eventos que has vivido donde recuerdas esa mano invisible de la vida que surgió como por magia. Detrás está tu búsqueda, aunque en aquel momento no lo provocas, llega siempre la persona, la palabra, el cambio, la novedad que necesitas en aquel momento. (Que a veces es diferente de lo que quieres).

15 cosas que te ocurrieron en las que te beneficiaste de una mano sorpresa que te ayudó cuando lo necesitaste.

15 cosas que pasaron a personas que conoces o de la cual escuchaste hablar.

15 eventos donde ayudaste tú a una persona que lo necesitaba. Si te cuesta encontrar situaciones, pregunta a 5 de tus conocidos o amigos para que te den cada uno 3 eventos de ese tipo.

Después de haber hecho este ejercicio tendrás 60 ejemplos de la bondad de la vida y 60 razones para reforzar tu creencia de confianza hacia la vida.
Cuando uno quiere, la vida ayuda a que pueda. *Si el pájaro pudo, tú también puedes.*

Del poder de las etiquetas al poder de elección

"No importa lo que te ocurra en la vida, porque tienes la capacidad de elegir tu reacción. Cuando consigas arraigar el hábito de buscar lo positivo en cada circunstancia, tu vida pasará a sus dimensiones superiores". Robin Sharma.

La mirada de nuestro entorno es fundamental para construirse, y las etiquetas que nos asignan un veneno de lo cual tenemos que encontrar el antídoto para expulsarlo de nuestra mente que estanca nuestro crecimiento o programa nuestra muerte, siendo vivos.

Desde siglos cada familia etiqueta a sus hijos según su nivel de vida y cultura rompiendo destinos. No hace mucho que algunos no eligen la profesión de sus hijos dentro de una fraternidad.

¿Cómo salir de este círculo vicioso de las etiquetas?

La rebelión interior y las emociones que sentimos al ver lo que nos gustaría ser, es una buena señal para iniciar el cambio, sobre todo cuando es un sentimiento de frustración, celos, tristeza, rabia o envidia. Las emociones pueden ser el mejor motor si lo usamos como tal. Pueden ser también lo que nos ate al sufrimiento y al estancamiento. Nosotros podemos elegir qué hacer con lo que sentimos: aprovecharlo o sufrirlo. Ser víctima u oportunista de la situación. Quejarse o emprender.

Todo es una cuestión de actitud y de acción que la genera. Cuando anhelamos con admiración lo que pensamos que el otro tiene, es generalmente que no vemos lo que duerme en nosotros. Solo falta explorarlo, desterrarlo y dejarlo expresarse para que luzca.

Tu educación es la base de tu vida, no lo es todo. Si ha sido para ti tu trampolín para poder saltar, sentir libertad y gozo, disfruta de tu camino. **Pero, si** por el contrario has estado criado en un corral, en una cueva o en un palacio dorado sin salida, puedes sentir frustración, aburrimiento, desaprovechamiento, tristeza...incluso rabia y depresión. **Es hora de cambiar de etiquetas, poner nuevas gafas, hacer tu maleta, probar nuevos horizontes y modelar tus mentores que admiras y que has elegido.**

La vida es una maravillosa oportunidad para **crear con lo que tenemos a nuestro alcance o buscarlo sin parar hasta generar lo que anhelamos.**

 Destierra las etiquetas que te han asignado y elige conscientemente la que quieres seguir asignándote o tirar las que no te sirven

Las etiquetas	La quiero	No la quiero	A que me sirven en mi vida

Destierra las etiquetas que te han asignado y elige conscientemente las que quieres seguir asignándote o tirar las que no te sirven.

Las etiquetas

La quiero

No la quiero

A qué me sirven en mi vida.

Resetea tu cerebro y nútrelo a diario o vive como esclavo
"Es la repetición de afirmaciones que conduce a la creencia. Y una vez que la creencia se convierte en una convicción profunda, las cosas comienzan a suceder". Muhammad Ali.

Nuestro cerebro es moldeable, y por mucho que hayamos aprendido que no podemos volar, el simple hecho de cambiar de enfoque además del entorno, favorece su metamorfosis y su crecimiento.

Tu mente es una herramienta EXTRAORDINARIA que necesita cuidados y nutrición cada día para servirte no esclavizarte. Es el instrumento más potente que tienes en tus manos, si lo dejas manejarte, vas a sufrir mucho andando mientras podrías volar. Si no le pones los programas adecuados es muy probable que funcione como los ordenadores con virus. Y te pondrá en mayúscula "ERROR" o "TÚ NO PUEDES".

Tus pensamientos pueden ser automáticos debido a tu pasado, o puedes crear tú mismo un nuevo automatismo con una REPROGRAMACIÓN iniciado y gestionado por ti, influenciado por lo que realmente quieres.

Generar pensamientos, emociones y acciones que te impulsan y cuidar el entorno donde te mueves que te anima, es un abono importante para ayudarte a sacar lo maravilloso que llevas dentro.

La mente humana se moldea con los modelos que admiramos y copiamos. Las personas que más admiras son las que van a influenciar tu vida, porque tu mente estará repitiendo automáticamente todo lo que estás viendo. Has aprendido a hablar y ponerte de pie, porque tu entorno andaba y hablaba este idioma que conoces hoy como tu lengua materna. Si quieres parecerte a las personas de tus preguntas, primero lo tienes que tener en tu mente o cerca de ti, luego buscar la forma de acercarse a esa gente que tiene y hacer lo que admiras.

En psicología este concepto se llama "las neuronas espejos". Se refiere al comportamiento de un individuo que imita el del otro, como "reflejando" la acción o el pensamiento que ve. El observador acaba realizando la acción del observado, de allí su nombre de "espejo". Estas neuronas desempeñan una función importante dentro de las capacidades cognitivas ligadas a la vida social y emocional. Somos receptivos al comportamiento y emociones de nuestro entorno que imitamos sin tener consciencia de ello.

Tu pensamiento es el acelerador para hacer de ti un avión potente.

La mayoría de lo que pensamos está generado por nuestro piloto automático, 90 por ciento según la neurociencia. Una cifra que puede asustarnos, si comprendemos que los pensamientos son la consecuencia de nuestra educación y del mundo en el cual hemos evolucionado. Si no hacemos nada para invertir esta cifra, estamos condenados a vivir bajo la custodia de pensamientos que confirman lo que hemos aprendido de pequeño.

Hoy te propongo hacerte dueño de tus pensamientos, entrenándote cada día para generar pensamientos poderosos y emociones impulsadoras. ¿Cómo?
Cuidando tus pensamientos
Leyendo historias inspiradoras
Aclarando lo que realmente quieres en tu vida
Visualizando y materializando lo que deseas
Vivir en un entorno propicio y motivador que te cree que puedes lograrlo
Avanzando hacia tu objetivo con acciones concretas.

De momento te invito a mirar esta tabla para convertir tus pensamientos reductores en otros más impulsadores y creadores de la vida que te mereces.

Reajusta tu actitud para potenciar tu confianza y capacidades a lograr lo que te propones. Imprime la tabla para recordártelo.

Cambia este pensamiento REDUCTOR	Por este IMPULSADOR Y CREADOR
"oh no! Otro problema! que miedoooo"	➤ Genial, un nuevo desafío. A por ello
Otro fracaso	➤ Nuevo aprendizaje
No puedo	➤ Lo experimento
Habar del tema, y dar mi opinión	➤ Hacer y generar resultados
Lo mirare y hare mañana	➤ Lo hago ahora
Tengo muchas Protestas	➤ Generar muchas Propuestas
No sé nada de este tema	➤ Me documento y aprendo de este tema
Es imposible	➤ Porque no?

Descubre tus tesoros: tus talentos & sueños

"Utiliza en la vida los talentos que posees: El bosque estaría muy silencioso si sólo cantasen los pájaros que mejor cantan".
Henry Van Dyke.

Al cuidar tus pensamiento te acercas de lo que te da ilusión, pasión, energía, de lo que eres de verdad.

Es hora de (re)descubrir tus talentos y aprovecharlos para tus sueños que fortalecen tu autoestima, tu confianza y tu seguridad.

Nos han enseñado a mejorar lo que no sabemos hacer y hemos dejado de lado todo lo que nos sale más fácilmente. Si entrenáramos constantemente nuestros talentos seríamos verdaderos expertos o genios. Si tienes un talento lo mejor que puedes hacer es potenciarlo. Por eso Dalí ha llegado donde ha llegado. Por haber fomentado su potencial. ¡Imagínate si se hubiera empeñado en aprender matemática, biología o historia!

Encontrar tus talentos es lo que te ayudará a que consigas más rápidamente tu sueño.

¿Qué se entiende por un TALENTO, en un mundo donde no hay que presumir?
Es algo que haces bien, que te conecta al placer, te da buenos resultados reconocidos por los demás.

El acrónimo: **F.A.I.R.E** (hacer en francés) da el saber ayudar a pasar por este filtro si hablamos de un talento. Si haces algo:

Fácilmente
A menudo o sabes reproducir, de manera
Innata

Reconocido por los demás. Y sobre todo que te
Encanta hacer, disfrutando de la actividad sin necesidad de
obtener un resultado.

Para esto te propongo dos herramientas que te facilitarán
descubrir tus talentos y la inteligencia que tienes más
desarrollada naturalmente. Aunque las otras se pueden
adiestrar para alcanzar la excelencia en tu ámbito. (Te lo puedo
facilitar por mail si quieres).

- 34 talentos del Instituto Gallup
- Y las inteligencias múltiples de Howard Gardner

El Instituto Gallup
es mundialmente
conocido por su
famosa lista de los 34
talentos. Basándose en
estudios de millones
de personas, lograron
extraer una lista de
los 34 puntos que
en mayor o menor
medida, existen en una persona. La lista contiene talentos como
comunicación, empatía, liderazgo, objetividad, organización,
análisis, creatividad, competición, justicia…etc., etc.

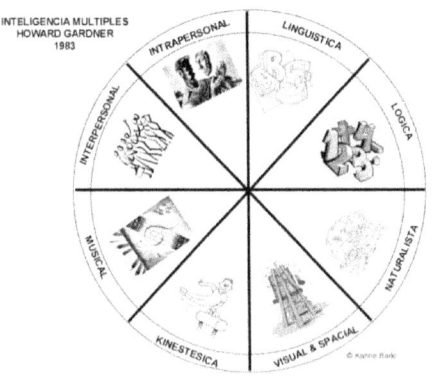

Las inteligencias múltiples son un modelo propuesto en un
libro de 1983 por Howard Gardner, psicólogo e investigador
que recibió el Premio de Asturias en 2011 por su investigación
y aportación en el mundo de la educación. Es un concepto
revolucionario que permite a cada persona valorar su propia
inteligencia según su talento.

Unas de las cosas que nos detienen en el camino es la falta de autoconocimiento, aparte de las etiquetas a las cuales hacemos demasiado caso.

Conocer tus 3 o 5 talentos que te diferencian de los demás, valoriza tu grandeza.

Cuando los usas, los esfuerzos y el trabajo se convierten en placer, disfrute y felicidad. Mira los que hicieron de sus talentos la base de su negocio: Walt Disney, Steve Jobs, Michael Jordan, Shakira, Picasso...más cerca de nosotros Anxo Pérez.

Cuando estamos enfocados y trabajando con lo que NO es nuestro talento, nos cansamos, aburrimos, y nos cuesta diez veces más trabajar o realizar una tarea, sin contar que no somos ni productivos ni felices. Volvemos a lo mismo: por qué avanzar sobre ruedas (sería el talento de la bicicleta), si podemos volar (es el talento del avión). ¿Por qué sufrir cuando podemos ser felices?

 Te propongo indagar en tus 3 talentos principales y verificar si cumplen con el acrónimo F.A.I.R.E. Luego mira si los usas a diario, y si no, en que te gustaría enfocarlos.

	TALENTO 1	TALENTO 2	TALENTO 3
Algo que haces: Fácilmente			
A menudo y sabes reproducir	SI/NO	SI/NO	SI/NO
Innato	SI/NO	SI/NO	SI/NO
Reconocido por los demás	SI/NO	SI/NO	SI/NO
Encantado de hacerlo Disfrutas de la actividad	SI/NO	SI/NO	SI/NO
¿Cuándo y dónde lo uso? Y con qué frecuencia?			
¿Cómo me gustaría enfocarlo?			

¿Cuáles son tus sueños? ¿Jugamos al puente del futuro?

¿Cómo te imaginarías dentro de 10, 20, 40, 60 años?

¿Quién te gustaría ser?

Imagínate que escribieras tu autobiografía con 78, 85 o 100 años. ¿Qué te gustaría relatar en tus memorias?

Hacer tu autorretrato con antelación es un excelente ejercicio para decidir de tu vida, y no dejarte llevar únicamente por lo que la vida te va imponiendo.

Nuestro cerebro es como un GPS, si le enseñas los lugares donde quieres ir, los registra y no temerá llevarte allí, ya que será como un sitio conocido por él. Recuerda que a tu cerebro no le gusta el cambio ni lo novedoso. Si lo tienes ya en mente, con imágenes o palabras, es como si fuera ya algo conocido. La mente no hace la diferencia entre pasado, presente y futuro. Por eso eres capaz de sufrir o alegrarte por eventos del pasado, hoy, sin que hayan ocurrido en el presente. De la misma manera tu presente puede estar alterado por miedos o ilusiones del futuro por los cuales tú sentirás con antelación lo que temes o disfrutas como si lo vivieras en este mismo instante.

Como la mente no diferencia las fechas, puedes jugar con ella, generando emociones positivas de logros futuros como si fueran vividos en el presente.

Así que vamos a jugar al puente del futuro.
En este juego, te pones las gafas del futuro y disfrutas de lo que ves y sientes en el presente. Un viaje gratis que te puede cambiar la vida.

Hace 6 años, hice este juego sin mucha fe, que me propuso mi amiga Esther.
En aquel momento, trabajaba como *coach* y tenía el sueño de tener un programa de radio. No conocía este mundo y además tenía la creencia que por mi acento, no tenía acceso a este canal de comunicación.

Durante el juego, me veía en 2014, dirigiendo un programa de radio para ayudar a las personas a llevar mejor las riendas de su vida. Me veía en la televisión hablando de mi traslado a España, compartiendo mis sueños. En febrero de 2013, me llamaron del Canal Sur Televisión para hacerme un reportaje sobre mi vida en Sevilla. En julio del mismo año colaboré en un programa de la emisora Radiopolis como *coach* en el programa Las Cuatro Estaciones, una vez a la semana. Desde julio 2014, tengo mi propio programa de radio, *Crea tu Vida*, al que he invitado a varias personas inspiradoras que nos ha compartido sus secretos de éxito y felicidad como: Bernabé Tierno, Anxo Pérez, Natividad Pérez Tapia Sebastián Haro, Natalia del Pozuelo, Juan Carlos Castro, Montse Hidalgo, Javier Ribero Díaz, Sergio Fernández, Talan Miedaner, Josette Lépine, Josepedro García, Luis Eduardo Barón…y Manu Jara.

Jamás hubiera pensado vivir esta maravillosa experiencia y conocer personalidades tan enriquecedoras como las que he recibido en el programa.

Una vez más hice la experiencia de superar los límites de mi mente, viviendo en primera persona el poder que uno tiene con un simple juego de mente y de puente al futuro. **Lo que la mente crea y cree, lo convierte en una realidad. ¡Si yo puedo, tú puedes!**

Ejercicio del puente al futuro
Materializa tu sueño con una visión clara: como un collage de imágenes donde estés tú como protagonista de la escena. (Para que tu mente tenga presente donde quieres llegar.)
Como te ves dentro de 5 años, y relata que es lo que vives empleando los verbos de acción y descripción en PRESENTE.
Soy……………………………………………………………………………………………………
Estoy haciendo……………………………………………………………………………………
Me encanta mi trabajo de………………………………………………………………………
Disfruto………………………………………………………………………………………………
He logrado…………………………………………………………………………………………

Define lo que te apasiona, lo que te ilusiona, y lo que siempre te ha llamado la atención, aparcando en un rincón de tu mente tachado de "imposible". Recuerda que tu mente ve lo que está acostumbrada a ver y hacer. Para que lo quiera hacer le tienes que mandar muchos estímulos para que lo reconozca.

Si no sabes qué te gustaría, usa las imágenes sin reflexionar mucho.
Toma una cartulina A3 donde se van a pegar imágenes elegidas por la mirada sin pensar mucho. Suelen aparecer lo que la mente no sabe verbalizar. Es muy interesante y muy divertido a la vez.
Esto te aclara mucho cuáles son las cosas que realmente te importan.

El compromiso y la acción
Cuando conoces quién eres (tras haberte quitado tus etiquetas erróneas)
Cuáles son tus modelos y tu galería de mentores inspiradores
Confías en la magia de la vida y la sincronicidad
Has definido tu sueño
Y jugado al puente al futuro,
Estás preparado@ para el gran salto… **el de comprometerte para conseguir tu visión** recordando este magnífico poema de Goethe que puedes imprimir para inspirarte cada día:
"Hasta que nos comprometemos, hay vacilación, la posibilidad de retroceder, la inefectividad".

En lo concerniente a todos los actos de iniciativa (y creación) hay una verdad elemental cuya ignorancia mata incontables ideas y espléndidos planes:

Que en el momento en que nos comprometemos definitivamente, la Providencia da el paso también.

Todo tipo de cosas ocurre para ayudarnos, que de otra manera nunca hubieran ocurrido.

Una corriente de eventos surgidos de la decisión genera a nuestro favor toda clase de incidentes y encuentros imprevistos, asistencia material que ningún hombre podría haber soñado jamás que vendría en su ayuda.

Aquello que puedes hacer o sueñas que puedes hacer, ¡¡¡Comiénzalo!!!

"La audacia tiene genio, poder y magia". Johann Wolfgang von Goethe.

Ponte en acción y diseña tu futuro

El compromiso y la acción son los 2 ingredientes que te permiten hacer posible que tu sueño se haga realidad.
"Sueño, pruebo mis sueños en contra de mis creencias, me atrevo a correr riesgos, y ejecuto mi visión para hacer esos sueños realidad". Walt Disney.

No se trata solamente de soñar, sino de luchar contra las creencias limitantes y arriesgarse pase lo que pase.
Por esto es importante incorporar nuestros talentos a nuestra visión. Porque a la hora de encontrar obstáculos y caer en el camino, si no hacemos lo que nos apasiona, la llama se va apagando y el camino se hace más oscuro, duro e insoportable. ACTÚA sin apegarte a los resultados, pero disfrutando de cada momento. Esto es una victoria.

Es como cuando escribes un libro, si disfrutas mientras escribes, el camino se hace solo, las palabras aparecen, la historia y los personajes surgen por si solos. No puedes escribir, actuar y avanzar solamente teniendo tu mirada en la línea final de la carrera.

Diseña una hoja de ruta con acciones y fechas para cumplirlas.

Y sobre todo, CAMINA CON UN CÓMPLICE Y UN POTENCIADOR DE ENERGÍA, PIDE AYUDA Y hazte a un ejército de seguidores que te van a ayudar a creer y crear tu sueño. **Solo, llegas más acorde a tu ritmo, mientras juntos llegas más lejos y más fuerte.**

Y recuerda siempre....
Si muchos han podido, ¡¡tú también puedes!!

Karín BARKI – *Despertadora de sueños*
Coach y motivadora experta
en comunicación y creatividad.
info@karinbarki.com
hola@creatuvida.tv
www.karinbarki@gmail.com
www.creatuvida.tv

Actividad principal: *coach* y motivadora de alto impacto, experta en comunicación y creatividad. – Directora y periodista en el programa de radio "crea tu vida", www.creatuvida.tv (programa de desarrollo personal que aporta secretos de éxito y felicidad a través de herramientas concretas, consejos y testimonios inspiradores para ser líderes de su propio destino.)

La Verdadera "Escuela De La Vida"

Por Roberto Imamura
www.Jesuali.com

Hola amigos soy Roberto Imamura y quiero que conozcas un poco de mi vida, así como esta, quizás una historia más, en la cual puedes tomar solo mi experiencia, y tener otro punto de vista o visión, para que te motive a ese emprendimiento que ya tienes en mente. Por ello, comenzaré brevemente con una autobiografía y conozcas, que soy igual que la mayoría de las personas que habitamos este planeta. Y que Si Yo pude, Tú también puedes.

Soy originario de parte de mi abuelo paterno de descendencia japonesa con mexicano y de mi madre mexicano de ambas partes lo que es igual a decir 3/4 partes mexicano y siendo actualmente el quinto de diez hermanos que formamos la familia, siete mujeres y tres hombres. Siendo yo el mayor de ellos y de vivir la pérdida familiar de dos hermanas, una mayor y la otra menor a mí, marcando mi infancia y la superación de la pérdida para aprender a reponerse de esta y saber que la vida continúa.

Desde muy niño me gustó como juego explorar y trabajar varios negocios y muchas veces solo por el gusto del aprendizaje, más que de ganar dinero, y fui desde aseador de calzado o bolero, mensajero, vendedor de joyería de fantasía casa por casa, hasta llegar a la adolescencia como empresario de secundaria que llevaba la diversión del entretenimiento artístico en pequeñas carpas a las ferias y fiestas cercanas a mi pueblo zacatecano de Tlaltenango donde pasé una de las etapas de vida más felices.

Estudié más tarde en el Tecnológico de Aguascalientes, la Preparatoria como Técnico en Construcción, trasladándome a la capital de México a estudiar la carrera de Ingeniero Geólogo en el IPN en la ESIA y durante este periodo intercalé los estudios con la actividad de la música emprendiendo un grupo musical versátil de forma profesional con el cual junto a cuatro amigos amenizábamos fiestas y eventos, obteniendo así buenos ingresos.

Ejercí y trabajé como Ingeniero Geólogo en el Gobierno Federal en el INEGI en el Departamento de Geo Hidrología, para después en el PROCEDE a nivel nacional con el Método Indirecto por medio de Fotografía Aérea e Imagen de Satélite con GPS implementar todo un sistema con capacitaciones teórico/prácticas y elaboración de manuales para todo el personal técnico.

Y en el Gobierno Estatal, en la Perforación de Pozos Profundos para Agua Potable, en este trayecto, me titulé y me di cuenta que una profesión es muy buena herramienta de estudio previo para saber defenderse un poco más en la vida, pero que a través del tiempo te esclaviza si caemos en el conformismo, jugando solo las reglas del sistema político/social corrupto del poder. Y que para obtener la verdadera libertad en todos los sentidos no hay como tu negocio propio, donde tú eres el dueño y amo, donde impones, en cierto modo, las reglas al sistema y los límites de acuerdo a tus necesidades o bien la estrategia para saber jugar en este sistema y que solo estudiando o preparándonos frecuentemente, se puede tener cierta información que asegure solo un poco más el riesgo de perder o caer en el trayecto de la vida.

En este trayecto de experiencia profesional en diferentes trabajos e impartiendo clases de Geo Hidrología en la Facultad de Ciencias de la Tierra del IPN y solo por un semestre, fue que decido hacer mi negocio e ir poco a poco emprendiendo, así como aprendiendo de un amigo francés algo más de este negocio de la fabricación de ropa para dama y de los lugares en los que mayor venta había.

La Verdadera Escuela de la Vida
Crear El hábito de Generar Necesidad y de cómo lograr Cubrirla
Crear la necesidad como un hábito, hace que uno piense, estudie y trabaje sobre cómo lograr las metas y así no caer en el conformismo. Al descubrir esta realidad y darme cuenta de que casi en todos los países latinos y en especial México, hay un gran número de

oportunidades y que la mayoría de las personas que hacen grandes fortunas son extranjeras, de ahí que me di a la tarea de romper con el mito y paradigma del famoso dicho: "Nadie es Profeta en su Tierra". Y cómo un francés se Enriquecía en Tierra Ajena.

Empezando a imitar, así como a estudiar a varios líderes de la industria y del mercado, me pregunté, cómo generaban sus fortunas en sus empresas y negocios, cómo también ellos, empezaron alguna vez en pequeño y que si "ellos pueden, también yo puedo".

La base de creer sólo en uno mismo y de ser "Persistente" en lo que deseas y quieres en la vida, es como se logra los resultados y de ver que tu mejor o peor enemigo, muchas veces no son la competencia, sino las personas más allegadas, como la familia, amigos y vecinos que no creen en ti y menos en tus proyectos o sueños.

Así que lo primero ante todo es: "Creer" Solo en Ti y que es "El Ser". Redescubrir que todos somos seres Espirituales y Energéticos, hechos a semejanza de Dios. Seres Creativos.

Creando así, otro hábito con práctica o disciplina. El Hábito de la "Persistencia" y de no abandonar lo que ya eres o quieres ser, conocido también Espiritualmente como "La Fe" o perseguir el sueño como si ya lo fuera y de ahí el milagro de la palabra o pensamiento declarado por tu mente y que solo se genera con el tiempo, siendo las huellas o caminos que se hacen solo al andar; ganando con ello, la experiencia y reconocimiento, Espiritualmente son los frutos de forma metafórica seria: siembras para cosechar o por tus frutos serás conocido.

El otro hábito es Hacer con Pasión y Amor Todo, o en otras palabras echarle todas las ganas al Hacer Las cosas Bien y Honestamente o si pueden Hacerse Excelentemente, mucho mejor.

Una buena disciplina se convierte en excelente hábito o viceversa.

Un excelente Hábito se convierte en una buena disciplina. Partiendo de estos hábitos o disciplinas es como tenemos que sembrar para dar buenos frutos para no ser segados o cortados.

Jesuali Su Historia tras Bambalinas

Nombre compuesto e inspirado al inicio en el hijo de Dios, Jesucristo; hace ya más de 23 años como Jesús que ayuda/Jesús que Alivia "Jesuali". Convirtiendo más tarde el significado como el propósito de este negocio en: Dios que Salva, Ayuda y Alivia. Alcanzando así, más que un negocio, un instrumento de trabajo, ayuda y de servicio al Planeta y a la sociedad. Y como eslogan, para referirnos más a la actividad de este emprendimiento, era en sus inicios: Vistiendo Elegante a la Mujer. Por lo que en resumen quedó en: JESUALI "La Elegancia en Moda Casual", complementándolo ya comercialmente en la frase: Pensamos y creemos que el Vestir Elegante y a la Moda, debe Ser al alcance de tu bolsillo.

Y te preguntarás: ¿Pero por qué Venta de Ropa para Dama?

Sin hacer un estudio de mercado y sí de observación, me di cuenta que la mujer siempre compra por vanidad en ciertos periodos de su vida y el vestir es el complemento ideal para calzar y estrenar ciertos accesorios complementarios para verse hermosa, como bolsos, cinturones y joyería.

El vestir, comer y asearse son actividades cotidianas en todos los seres humanos pero el convivir y estar rodeados en su mayoría por mujeres en mi familia desde el vientre de mi madre, me hace conocer un poquito más a la mujer en este sentido. De ahí lo de: "Atrás de un Gran Hombre Hay una Gran Mujer".

Partiendo entonces con los hábitos mencionados arriba y como un pequeño negocio de compra y venta de ropa para dama en mercados sobre ruedas y tianguis de la ciudad, así como de provincia cercanos a la capital, empezamos la fabricación de prendas sencillas como vestidos, pantalones y faldas, para después realizar coordinados de saco con falda, saco con pantalón y saco con vestido, con gran éxito, cortando así de uno a tres modelos por semana en un pequeño departamento donde vivía.

Al copiar y seguir la huella de grandes empresarios extranjeros, me establecí al igual que ellos en el Centro de la Ciudad con mi pequeño Taller de Diseño y Corte, así como un espacio pequeño informal para su venta directa y sin descuidar a los famosos tianguis que me mantenían por sus grandes ventas al menudeo y algunos que otros clientes de mayoreo.

Creciendo bastante los primeros años, tanto que hubo la necesidad de rentar otro espacio más grande aumentando con ello la producción de prendas y posicionar más la marca en Expo Internacionales como La Cámara de Industria del Vestido, poniéndonos a competir de esta forma, con los más fuertes del mercado y darnos a conocer más al interior del país como fuera de él.

En esta etapa hubo pequeños tropiezos que me ayudaron a ver y reflexionar cómo algunos de mi competencia llegaban a la cima del éxito y no se mantenían o perdían el piso; siendo que los que permanecían, eran muy reservados y trabajaban en equipo o en familia, como es el caso de los judíos que se apoyan mucho entre ellos, y en México como en la cultura latina, somos muy solitarios o egoístas en nuestras empresas y negocios, o bien somos muy cerrados, y con mucha rivalidad o competencia negativa, en lugar de ayudarnos y apoyarnos para crecer la industria y sobre todo a nuestro país o nación en todos los sentidos, para crecer en equipo y tratar de crear alianzas y apoyarnos por ser paisanos y estar en casa.

Y aquí solo, como el Llanero Solitario y sin un mentor o un padre con experiencia en negocios que me asesorara con un buen consejo y saber cómo invertir mejor mi capital y experiencia para sacar mejor partida y tomar la decisión correcta, aprendí que no es fácil, que si seguía estos patrones y que solo "La Perseverancia" y que si no crecía me mantenía firme esperando el mejor momento para avanzar con la fortaleza que te da experiencia de haber pasado por esta etapa de aprendizaje por lo que es parecido a que: "Nadie experimenta en Cabeza Ajena" hasta que te pasa, lo valoras y lo reconoces sin buscar excusas o echarle la culpa a la competencia, o a tus amigos o a alguien en especial persona o cosa y finalmente generalizar al Gobierno, País, Religión y lo que es peor a tu Familia. Porque por la irresponsabilidad propia, pagan los seres más queridos. De aquí que empecé a buscar colegas, expertos y mentores que me acortaran esta curva del conformismo, para aprender y aplicar sus experiencias en mí negocio.

La Prevención como Hábito

Los negocios son cíclicos por lo que hay etapas donde pueden existir vacas flacas por ciertas circunstancias y es ahí donde surgen las oportunidades para invertir y hacerse de buenos locales o de renovar, cambiando por mejores puntos de venta y crecer el patrimonio ya que varios o la mayoría de los negocios dan precios bajos y de remate a sus mercancías y bienes, ya que los gastos se los comen como son las rentas de los locales principalmente, por no tener grandes ventas y en la industria del vestido no es la excepción, por lo que normalmente nos prevenimos en hacer bodegas y almacén, tanto en telas como en nuevos diseños, para próximas temporadas, hasta por un año como mínimo de adelanto.

Cuando se logra este hábito, es un éxito casi seguro en todos los negocios y en la vida real es parecido al ahorrador, llegando de esta forma, a Ser líder en el ramo para imponer así la novedad, moda y las mejores condiciones previas para su mercado y negocio. Por lo que se puede decir que es mejor prevenir que lamentar y estar preparado para cualquier desafío que venga para enfrentarlo y emprenderlo de la mejor manera, logrando así el éxito.

Actualmente tengo una responsabilidad muy importante de trabajo en este negocio y es para mí como si fuera un hijo que he disfrutado desde su nacimiento hasta las diferentes etapas o facetas de crecimiento. Y solo Educándome y Manteniéndome pendiente del negocio en conocimiento encausado en sabiduría, a través de actualizaciones, capacitaciones, talleres de entrenamiento, así como leyendo y estudiando las experiencias y conocimientos de otros líderes que me facilitan y me acortan la distancia para tener menos errores.

Muchos de estos son actualmente mis mentores, coach y expertos de la industria como de otros negocios, tanto dentro como fuera de la Internet. Siendo con todo esto, una constante de crecimiento en aprendizaje encausado con la práctica a mi negocio y en especial a todo el personal que lo integra y lo conforma, como una gran familia o un gran equipo, como son desde empleados de tiendas, maquileros, muestritas, diseñadoras, cortadores y directivos, así como una gran cadena de proveedores que van desde botones, cierres, telas, entretelas e hilos, etc. etc.

Valorar y reconocer constantemente a todo el personal que colabora en mi negocio o empresa, es una forma de motivación, resulta muy confortante para cualquier persona y especialmente al trabajador, más que el dinero que se le paga, es el reconocerle su desempeño y su crecimiento personal que se refleja en su producción y por consiguiente en la empresa o negocio.

Evaluar constantemente a todas las áreas de la empresa o negocio, te ayuda a saber realmente y a conocer dónde estás fallando y dónde te fortaleces, así como ver qué es lo que tus clientes más demandan y compran. Por lo que evaluar es parte esencial para medir y los números no mienten ya que las matemáticas son exactas en tu contabilidad, tanto en producción, almacén y ventas. Pero sobre todo, conocer a tus clientes, que son los que finalmente con la buena relación que exista con ellos, los que nos dan su aprobación y su preferencia.

Aquí es donde en Jesuali les damos más importancia, pues en la nota de compra, como en la etiqueta de la prenda ponemos: Quejas y Sugerencias favor de comunicarse a: Poniendo teléfonos y correos para darles el mejor seguimiento y sobre todo una buena atención y la solución a su inquietud con un descuento para su próxima visita o compra en nuestras tiendas. Pero lo más importante es nuestra palabra que le damos a nuestros clientes verbalmente, así como en una misma nota por escrito: La garantía de que si no le queda o no le gusta como se le ve, se le cambia por talla, color u otro modelo con su nota de compra.

Quiero solo resaltar los puntos más importantes de "Cómo Hacer" para lograr el éxito aparte de todo lo mencionado arriba y que considero en lo personal que son en la mayoría de los negocios lo mismo y lo único en que varía, es en el tiempo y la forma en que los implementan. Pero si analizas mi historia, verás que el factor más importante desde mi infancia fue el "Aprender a Saber Vender" y esta actividad es precisamente la que tienes que desarrollar si no eres muy bueno, pues "Todo en la Vida es una Venta" desde que nacemos hasta que morimos. Y por consiguiente "Aprender a tener Buenas

Relaciones y Comunicación" con la mayor parte del mundo, te hace ofrecer tus servicios o productos a mayor cantidad de clientes; haciendo con esto, que logres tus metas y el éxito soñado.

La Diferencia que Hace el Servicio de la Experiencia

Gracias a toda a la preparación en entrenamientos, seminarios y talleres he logrado posicionar Mi Marca Personal, así como la de la empresa en el mercado. La primera como escritor a través del libro *Best Seller* en Amazon "El Poder del Sonido" El Principio de que Somos lo que Pensamos, lanzado en noviembre de 2013. Y Que gracias al evento de "Los Maestros de Internet de Celebridad Instantánea" en Tampa, Florida, EE. UU. con los Maestros Álvaro Mendoza y Luis Eduardo Barón, y de conocer personalmente en este evento al número 1 del Mercado Latino de la PNL el doctor Edmundo Velasco del cual soy socio, colega y alumno Certificado en Master Coach de Negocios con PNL de la Universidad de Marketing y Ventas con PNL; así como también obtener la Certificación Internacional en Coaching con PNL y Facilitador de Procesos de Cambio con PNL avalados por la Escuela Superior de PNL.

Y la marca de la Empresa a través del tiempo y Físicamente a través de todo lo mencionado en este capítulo.

Esta experiencia enfocada al servicio de enseñanza, capacitación o de educación, hacia las personas de cualquier edad, así como también a empresarios y líderes en descubrir al verdadero Ser, enfocándolos en lograr metas y a encontrar su verdadero Don o talento en su vida y lograr con ello el éxito y su verdadera felicidad. O bien, El Ser Creador que hay en cada uno para luego El Hacer o pasar a la acción, con herramientas prácticas de trabajo e implementación de PNL, o bien el saber cómo hacer para lograr las metas y lo que se quiere en la vida; esto es el camino o trayecto de "A " hasta "B" y por consiguiente El Tener se da o llega por Añadidura y con abundancia en todos los sentidos y aspectos de la vida de cada individuo y emprendimiento.

La capacitación a través de sesiones, charlas y conferencias, sobre temas que me apasionan en la parte educativa, creativa y Espiritual, basados sobre mi libro: "El Poder del Sonido" El Principio de que Somos lo que Pensamos, así como del servicio de Coaching con PNL en temas de: Superación Personal y del Ser Excelente; asesoría a dueños y directivos de empresas y negocios; así como de mentoría personalizada, entrenamiento y asesoría en general, que normalmente me solicitan y me contratan a través de mi pagina Web: www.ElPoderDelSonido.com

Roberto Imamura
E-mail: rtetsuo8@gmail.com
Tel.: 52 5557391491
Móvil: 525531209675

Y en la parte empresarial y de
negocios en la página Web:
www.Jesuali.com
Email: jesuali@ymail.com
Tels: 52 5555225550
     52 5555421798

Emprender Es Enfrentar Tus Miedos

Por Alfredo Esponda
alfredo-esponda@cencade.com.mx

Al terminar la carrera de economista en la UNAM (Universidad Nacional Autónoma de México) se me presentó una gran oportunidad. Tuve el privilegio de participar en un programa de intercambio con una familia del centro de los Estados Unidos, en un suburbio de Kansas City, Missouri. Fue una experiencia que me dejó muchas lecciones.

La familia David resultó una delicia de seres humanos. Una pareja con cuatro hermosas e inteligentes hijas. La generosidad que tuvieron conmigo es impagable, sólo con la reciprocidad del amor y el cariño eternos.

Recuerdo, en particular, la última noche en su casa. El señor David puso a calentar el agua para hacernos un delicioso café. Conversamos ampliamente sobre mi estancia con ellos. Al final de la plática, me hizo una pregunta que únicamente con el paso del tiempo valoré.

El señor David me preguntó: Alfredo, y ahora que regresas a México ¿qué vas a hacer?
No pensé mi respuesta, fue automática, pues regresaré a mi trabajo en el gobierno, le dije. Él me comentó, vez la diferencia con nuestra manera de pensar, un muchacho como tú, en circunstancias semejantes y recién titulado en su profesión de economista, estaría pensando en poner su propio negocio. Yo le reafirmé que, por supuesto, ni remotamente pensaría en intentar algo semejante.

Regresé a México y, efectivamente, me incorporé a mi antiguo empleo, mismo puesto, mismo sueldo. Estaba feliz y agradecido con que mi jefe me hubiese recibido de regreso.

Como egresado de Economía, no tenía una visión empresarial, lo que había adoptado como visión de futuro era contribuir al crecimiento de mi país y eso significaba en esa época la necesidad de trabajar en el gobierno. Ahora pienso distinto, pero no en ese momento. Además, ser recibido en la empresa donde prestaba mis servicios significaba garantizar la seguridad en el ingreso.

A los pocos meses mi jefe fue convocado a dirigir otra empresa paraestatal y como yo esperaba, me invitó a colaborar con él. Entré como gerente de compras y al poco tiempo me ascendió a director comercial. Después de todo, yo era su hombre de confianza, muy joven, pero disfrutaba de su confianza absoluta.

La primera encomienda a cargo de compras fue directa: "dígales a todos los proveedores que les pagará al 50 por ciento de lo que hoy se les paga". Tuve una etapa durísima de negociaciones. Me cargué de estrés, no dormía. Mi sentido de responsabilidad y el enorme compromiso con un jefe al cual yo le tenía admiración y gratitud me hacían sentir el peso de tener que cumplir su encargo.

Vi llorar a proveedores que, irremediablemente, me dejarían de atender y para ellos significaba perder a su cliente más importante. Pero, ¡oh sorpresa! Varios de esos proveedores aceptaron frescamente que se les pagara a mitad de precio. Estaban arreglados con los funcionarios anteriores y vendían con sobreprecio.

Mi jefe, de esos que no abundan, me dijo: "Mire Esponda, a las empresas públicas, con sólo que no se las robe ya ganan dinero". En efecto, ese año, la paraestatal tuvo utilidades cuantiosas. Me sentía profundamente orgulloso de mi contribución. Ese logro hizo que me ascendieran a la Dirección Comercial.

Mi trabajo de director comercial me llevó a todas las ciudades importantes del país, a veces en avión, otras en automóvil, o bien, en autobús. Conocí México desde muy joven. Me sentía realizado, era un profesionista exitoso. Ganaba muy buen sueldo, automóvil de la empresa y buenas prestaciones. Por supuesto, gastos de representación obligados, así que comía en los mejores restaurantes de la Ciudad de México y de las ciudades que visitaba. Mi lealtad al jefe que me había llevado a trabajar allí estaba muy bien recompensada.

En el momento menos esperado, a mi jefe le pidieron la renuncia. Entró un nuevo jefe y empezaron a pasar sucesos inéditos. Presenté mi renuncia "irrevocable". Mi jefe me pidió que me quedara. Insistir en mi renuncia podría llevar a pensar que él me había aconsejado. De modo que tuve que retirar la renuncia "irrevocable". Sí, fue revocable.

En ese momento comencé a buscar la posibilidad de ser maestro de tiempo completo en la Universidad Nacional Autónoma de México (UNAM). El director de mi facultad (Economía) me dijo: "aquí no tengo plazas disponibles, pero te puedo recomendar con el director de Economía de la Universidad Autónoma Metropolitana (UAM)".

Después de varias entrevistas y cumplir muchos requisitos fui aceptado en la UAM y se me fijó fecha para incorporarme a dar mis primeras clases en calidad de maestro de tiempo completo, en la categoría de Asociado A. Tenía el antecedente de haber sido maestro de teoría económica en la UNAM y maestro de economía industrial en la Escuela Superior de Economía en el Instituto Politécnico Nacional.

Con ese papel en la mano, fui a ver a mi jefe y le dije "licenciado, ya me contraté como maestro de tiempo completo en la UAM a partir del próximo mes, le ruego que acepte mi renuncia, aquí está por escrito".

Al fin, se me concedió retirarme y comencé a impartir clases de teoría económica. El sueldo de maestro que percibía era una tercera parte de lo que recibía como director comercial. No medí las consecuencias. Poco a poco, me estaba empobreciendo porque me comía mis ahorros de los buenos tiempos. Viví una realidad, es muy difícil, si no imposible, renunciar a una calidad de vida.

Llegué a la pregunta crucial ¿con quién vas a vivir? Había tenido apenas unas cuantas novias, pero ninguna me llenaba el ojo. Tenía 32 años de edad. A mi juicio, ya me había pasado unos cuatro años de lo que había considerado como ideal: casarse entre los 24 y los 28 años.

Por esos días conocí a la mujer que habría de ser la ilusión de mi vida. Recuerdo que un día en que ya estábamos dispuestos a casarnos, ella me preguntó: "¿de qué vive un economista?"

No había pensado en que mi sueldo de maestro no sería suficiente para sostener una familia y vivir con el estándar de vida al que yo estaba acostumbrado y, peor aún, al nivel que ella estaba acostumbrada.

Analicé mi situación con detenimiento, no encontré salida y decidí renunciar a mi plaza de maestro de tiempo completo.

De mi esposa vino el comentario, y ¿por qué no ponemos una empresa? En ese momento tuve la reacción espontánea usual, "por supuesto que no, yo soy economista y voy a buscar un puesto directivo en el Gobierno. Es lo que sé hacer".

Después de esa conversación mi futura esposa me presentó a su familia. Todos ellos tenían su propia empresa. Era exactamente lo opuesto a mi familia, en la mía nadie tenía empresa propia, no teníamos la costumbre y menos aún la vocación para ser empresarios. Aunque veía como una opción poner una empresa propia, el miedo me invadía y me impedía pensar en ello.

Mis defensas comenzaron a hacer agua, ya no me sentía tan firme como al principio. Nos casamos y empezamos una vida modesta con restricciones porque mis ahorros de la época anterior al profesorado estaban a punto de agotarse. Busqué oportunidades de empleo en lo que pretendía pero no conseguí nada, al menos inmediatamente.

La cerradura de mi mente comenzó a abrirse. Lo platiqué con mi esposa y comenzamos a analizar varias alternativas. El miedo al futuro empezó a apoderarse de mi ánimo, ¿qué hacer? Si fracaso, ¿dónde conseguiré el dinero para sostener la casa?

Los recuerdos de aquella conversación de despedida con el señor Jenkin David en los Estados Unidos, me atormentaban. Habían pasado ocho años. Si yo hubiera aceptado el consejo de mi "papá gringo", como le decía, habría empezado a cambiar mi chip mental para pensar de un modo distinto. Tal vez hubiera comenzado una empresa propia cuando regresé de Estados Unidos.

Me negué a seguir adelante. Preferí concentrarme en conseguir empleo, pero no encontré oportunidad acorde con mi vocación, mi nivel profesional y mis necesidades económicas. Mi esposa insistió "¡anímate!, nos va a ir bien, ¡pongamos una empresa!".

OK, hagámoslo, pero ¿de qué?, ¿cómo empezamos?, ¿en qué tendríamos posibilidades de éxito? Me encontraba invadido por el temor. No tenía antecedentes, ni referencias en mi experiencia que me impulsaran a intentar algo tan desconocido como crear mi propia empresa. El miedo me paralizaba. Aunque comencé a desarrollar ideas, por las noches, en realidad seguí empeñado en conseguir un puesto en el gobierno.

Mi esposa me dijo: "te conocí impartiendo cursos de Hablar en Público en Dale Carnegie, ¿por qué no una empresa de capacitación?". Ella me hizo reflexionar que la escapada que me daba en el trabajo para impartir ese curso de siete a once de la noche, una vez por semana, me había dejado momentos inolvidables de satisfacción y disfrute.

Después de mucho, mucho, mucho pensarlo acepté y le dije que lo intentaríamos. Había un contratiempo, tenemos que crear nuestros propios cursos, yo no voy a dar cursos de hablar en público, pensarán que me estoy basando en los materiales de Dale Carnegie.

Fue así como armé mi primer curso que le llamé "Alertabilidad, el arte de aprender a aprender". Mi primer grupo fue con amigos y vecinos que estuvieron dispuestos a pagar, no todo el curso, pero sí sesión por sesión. Esto hizo que me tuviera que esmerar al máximo para lograr que regresaran a la segunda sesión, a la tercera y a la cuarta.

Comenzamos a buscar un nombre. Hicimos una lista de

cuatro que nos ilusionaban, pero el procedimiento decía que era necesario entregar cinco, de modo que pusimos al último: Centro de Capacitación y Adiestramiento. Para desgracia nuestra, el registro oficial quedó autorizado con este último nombre, que era el que menos nos gustaba.

Conseguimos un diseñador industrial para que nos hiciera un logo. Su reacción inicial fue que la razón social oficial era demasiado larga y, además, común y corriente. Así se llamaban todas las áreas de capacitación de las empresas, de modo que no había ninguna distinción. Diseñó el logotipo y abajo puso la palabra CENCADE. Fue así como llegó el momento de tener un nombre y una imagen de marca. La registramos con ese logo y CENCADE como marca.

CENCADE nació oficialmente el 15 de febrero de 1979. Tuve que recurrir a varios conocidos para que aportaran capital. Tengo en mi poder, y lo guardo con gran cariño, el *business plan* que escribí para convencerlos de que se incorporaran a este emprendimiento.

En la introducción está escrito lo siguiente: Los sueños y las aspiraciones son humo. Los proyectos son papel. Las decisiones son voluntad, pero lo único que determina la historia del hombre es lo que finalmente lleva a la práctica. Aquí tienes un proyecto, algo más que un sueño, algo menos que una realidad. Te invito a incorporarte a esta nueva aventura.

Los que se apuntaron al proyecto fueron pocos, más por amistad y confianza que por verdaderos deseos de emprender. Al firmar ante Notario Público expresaban su preocupación (temor) por la clase de compromiso que estaban adquiriendo.

El apoyo y la participación duraron poco. Fueron renunciando uno tras otro. La empresa finalmente quedó como tenía que haber sido desde el principio: mi esposa y yo. No podía ser de otra manera porque la entrega y dedicación necesarias en un nuevo proyecto son tan exigentes que requieren tiempo completo. Varios de los convocados a formar parte manifestaban como su principal interés el conservar sus puestos de trabajo y no tener distracciones. Nadie de ellos compartía nuestra ilusión y propósito.

Todo emprendedor tiene que aceptar que un nuevo proyecto no se puede hacer a medias. Es preciso renunciar a otros trabajos para concentrarse en las nuevas aspiraciones, en caso contrario nunca se harán realidad.

Recuerdo que al hacer mi labor de venta con un conocido que había tomado el curso de Dale Carnegie conmigo, le propuse que me inscribiera a alguno de sus colaboradores. Entonces, me hizo una pregunta matadora: "Alfredo, en los cursos anteriores tenías el respaldo de Dale Carnegie, aquí con estos cursos ¿quién te respalda?". Le respondí con orgullo y satisfacción que estos cursos estaban creados por mí. Su respuesta me partió el alma: "entonces no me interesan".

En virtud de que mi esposa conocía a muchos empresarios que eran amigos de su familia, se nos ocurrió ir a visitarlos para ofrecer nuestros servicios de capacitación. Uno solo no compró. Ninguno de ellos brindó por lo menos una oportunidad. Un día, después de ver a tres de ellos y recibir el no, después de mucho batallar, al llegar a casa nos pusimos a llorar. Parecía que se nos cerraba el mundo.

Al día siguiente le dije a mi esposa que comenzaría a ver a mis compañeros economistas con la esperanza de que alguno de ellos supiera de algún trabajo en el Gobierno. Mi esposa, de gran fortaleza anímica, más que yo, me dijo: "no hagas eso, continuemos y verás que encontraremos las oportunidades que necesitamos".

Por aquellos días de 1978 surgió la ley que hacía obligatoria la capacitación de los empleados y obreros a cargo de la empresa, los reglamentos se publicaron en 1979. Nadie tenía el menor conocimiento de la ley, pero había que cumplirla y sonaba amenazante para los empresarios. Planteaba multas a quienes infringieran esa ley y sus reglamentos.

En mi visita de ventas a un prospecto, a la Revista de Negocios más importante de México, Expansión, me encontré con que el director general era una persona que había sido compañero en la escuela de Economía. Después de escuchar mi presentación con mucha paciencia, Carlos Sánchez Lara, me dijo:"te estás dedicando a la capacitación, hummm, ¿conoces la nueva ley?". Por supuesto, le contesté. "¿Nos podrías escribir un estudio explicándola para que la publiquemos aquí en la Revista?". Pero cómo no, le dije, lleno de alegría.

Carlos me explicó que la revista publicaba estudios especiales en distintos temas de interés para las empresas y que se vendía como eso, estudios especiales, y no como libro. El precio era veinte veces superior.

A petición suya hice un guión esa misma noche y al día siguiente se lo presenté. Él dijo: "déjamelo aquí y nos vemos el lunes de la próxima semana". El siguiente lunes estaba un contrato que me comprometía a escribir un estudio de la nueva ley desarrollando el guión entregado y, además, un cheque de anticipo.

Era como si el cielo se despejara después de una tormenta.

Mi esposa y yo nos fuimos a cenar a un buen *restaurant*, por primera vez desde nuestra luna de miel.

Fue motivo de gran alegría recibir ese importante ingreso. En ese momento era el equivalente a 30 inscritos a alguno de nuestros cursos. Pero vino lo difícil. Nunca había escrito un libro, o un estudio especial.

No sabía cómo empezar. Leía y releía la ley, la volvía a subrayar, escribía notas en los márgenes, pero no se me ocurría qué escribir, ni en qué forma. Entré en una profunda depresión, me sentía impotente. Devolver el anticipo era imposible, ya no existía. Además, había que cumplir el contrato y…lo peor, tenía fecha límite.

Mi esposa, siempre comprensiva y animosa, me sacaba a dar una vuelta. A dos cuadras estaba la librería El Ágora, hoy librería Gandhi, dónde tomábamos un rico café. Le decía: mira cuántos libros, como si fuera muy fácil escribirlos.

Para colmo, había que impartir los pocos cursos que se vendían, puesto que se necesitaban esos ingresos, pero ello me distraía y me restaba tiempo para avanzar en la escritura del "estudio especial" de la Revista Expansión.
Llegó la primera fecha límite, el primer capítulo. Mi editora asignada me llamaba por teléfono: "ya urge, ¿cuándo me lo traes?". Siempre entregué tarde los cuatro capítulos, pero… terminé. Una losa de concreto que traía sobre mi espalda cayó rota en mil pedazos. ¡Qué felicidad! ¡Qué orgullo! ¡Qué satisfacción!, ya escribí un libro.

La Revista Expansión publicó un suplemento comercial publicitando extraordinariamente bien el "estudio especial" sobre la nueva Ley de Capacitación. En ese suplemento se destacaba el nombre del autor, sí mi nombre, *wow*, ¡qué sensacional! Tanta publicidad, que yo no pagué, me abrió el camino y me convirtió, al menos por el momento, como el experto en capacitación. Me brindó un prestigio inesperado. En beneficio de la Revista Expansión he de decir que se imprimieron tres ediciones. Tuvo un gran éxito. Era el sentido de la oportunidad que poseía su director general, de él vino la idea.

Continuamos la promoción de nuestros servicios, ahora amparados en un respaldo importante como el haber publicado un libro. En esos años los empresarios no querían "gastar" en capacitación. Aunque la Ley lo prescribía no les importaba. Preferían pagar la multa. Lo veían innecesario. Decían: "además, si los capacito se me van".

En una de esas visitas a prospectos, mi esposa y yo entramos a una empresa maderera de gran tamaño. El dueño nos escuchó atentamente, luego dijo: "ahora tienen que convencer a mis trabajadores y en particular al líder sindical". Comenzamos a exponer nuestros puntos de vista y las negativas eran muy rudas, nos estábamos sintiendo desesperanzados. De repente, mi esposa le pregunta al líder: ¿usted qué hace? ¿Cuál es su puesto? El líder contestó muy firme y orgullosamente: "yo soy armador de tarimas". Mi esposa le dijo: "ya ve, si hubiéramos venido antes, usted ya sería el supervisor o tal vez el gerente de la maderería". Santo remedio, nos compraron.

En otra ocasión visitamos a un empresario que nos compró un curso. Lo impartimos a sus trabajadores. Al terminar nos dijo: "yo soy el presidente de la Asociación de Industriales de Vallejo, tenemos un instituto de capacitación pero no me gusta como está trabajando, ¿por qué no me hace una oferta y usted lo maneja?".

Estudiamos el asunto mi esposa y yo, hicimos una oferta donde manejaríamos el instituto y daríamos un 15 por ciento de las ventas. El presidente nos aceptó, pero a la hora de leer el contrato decía 20 por ciento. Cuando comenzamos a hablar del tema, me dijo muy calmadamente "lo estoy protegiendo a usted, al 15 por ciento habrá muchos que querrán quitárselo cuando yo salga de presidente, con el 20 por ciento usted tendrá un mayor esfuerzo pero estará muy seguro, nadie le va a pelear la concesión".

Tuvo razón, durante 5 años nadie pretendió quitarnos de allí. Nos retiramos cuando dejó de interesarnos. Al mismo tiempo, continuamos atendiendo a CENCADE.

Trabajar durante cinco años en la zona industrial de Vallejo nos permitió conseguir contratos con empresas muy importantes como: Condumex, Nacobre, Olivetti, Rambler, Tanques de Acero Trinity, Aceros Especiales, Industrias John Crane, Papel Satinado, Elementos Metálicos, etc.

Mi contacto con muchas de esas empresas me dio una visión del liderazgo en acción y sus resultados. Me resultó impactante vivir la experiencia de trabajar en dos acereras que estaban en la misma calle. Una de enorme éxito y otra a punto de quebrar. La diferencia estaba en los contratos que conseguía la primera, se convirtió en la proveedora principal de Ferrocarriles Nacionales de México. La segunda, no obtenía contratos y cuando le ofrecí cursos para sus vendedores me dijo que no tenía dinero para pagarlos.

En esa época incorporamos al equipo a una pedagoga con maestría y experiencia en el área de capacitación. Una persona capaz que nos permitió absorber un mayor volumen de trabajo.

Una de las empresas que atendimos, dedicada a la fabricación de pintura automotriz, nos permitió conocer a un director brasileño y a un gerente venezolano. Resultó que esa empresa fue comprada por BASF y comenzó una auténtica reingeniería, aunque en aquel momento no se usaba este término.

Un día estos directivos me llamaron para darme una noticia. Como resultado del trabajo que estábamos haciendo, ellos habían decidido crear la Gerencia de Recursos Humanos y la consultora de CENCADE les había pedido la oportunidad para quedarse con el puesto. Me dijeron que no podían contratarla, a menos que yo diera mi autorización.

Les agradecí el gesto de respeto que me brindaban, pero yo no podía intervenir. Si la consultora había dado ese paso sin conversarlo conmigo, era evidente que le interesaba trabajar en BASF y yo no podía negárselo. Así que les dije ¡adelante!

Como producto de los cambios que estaba haciendo esa empresa, al gerente de aquí lo mandaron de director general a BASF Venezuela. Cinco meses después me llamó para que fuera a la planta de Maracay a impartir unos cursos. Esto forjó una amistad enorme con el ingeniero Hugo Jiménez y su esposa Annie. Años después, mi esposa y yo fuimos a visitarlos a Detroit donde estaban en otra planta.

Por esos días, Arturo de la Torre Díaz, un buen amigo, nos recomendó con el despacho de Consultores Internacionales que tenía un contrato para realizar una Campaña Nacional de Productividad. El primer paso consistía en ir a Chicago a tomar un curso de calidad total, nada menos que con el fundador del movimiento internacional de la calidad, el doctor William Edwards Deming. Éramos un equipo de cinco personas, nos trajimos de Chicago material valiosísimo para echar a andar la campaña.

La importancia de esa oportunidad consistió en que al terminar ese contrato, CENCADE comenzó a ofrecer servicios de consultoría y cursos en calidad total. Esa experiencia me llenó de conocimientos y me adornó el currículum.

En aquellos años otro suceso fue el hecho de que uno de mis colegas instructores de Dale Carnegie se había ido a vivir a San Pedro Sula, Honduras. Un día se me apareció diciéndome que él representaba a Og Mandino y me ofrecía que CENCADE organizara una plática en algún buen hotel de la Ciudad de México, por supuesto, dividiéndonos los beneficios.

Organizamos y promovimos el evento, tuvimos a un poco más de 500 personas en su presentación en un hotel del Paseo de la Reforma y nos dejó una muy buena publicidad y un pequeño margen, porque Og Mandino fue caro, pero lo valió.
La experiencia que fuimos acumulando nos llevó a contar con un gran equipo de colaboradores de distintas disciplinas como ingeniería industrial, psicología educativa, pedagogos, administradores y alguno que otro economista, igual que yo.

Un día, un gran amigo, nos trajo el contacto para un proyecto de investigación para la Secretaría del Trabajo y Previsión Social. Busqué especialistas, comenzando con un maestro de mi escuela, un ingeniero que había publicado varios libros y tenía mucha experiencia. El ingeniero Edmundo Novelo se encargó de coordinar a los consultores para realizar exitosamente esa investigación. Fue nuestro primer gran contrato. Aunque le ganamos poco, aprendimos mucho por el extraordinario equipo que armó a su alrededor el ingeniero Novelo.

Nuestra operación cotidiana se volvió cada vez más grande. Engordamos nuestra nómina, contábamos con más de 50 personas en el equipo, con ello crecieron nuestras responsabilidades. Mi espíritu de economista se sentía orgulloso por las plazas laborales que estaba creando la empresa. Pero, ¡ojo emprendedores! Esa nómina tan pesada se me habría de volver en contra.

Publiqué un anuncio en el periódico de mayor circulación en todo México. Recibimos varias llamadas que nos generaron contratos. En particular, una llamada desde la ciudad de Morelia me hacía la invitación para irle a presentar el programa que estaba anunciando. No estaba preparado para incurrir en gastos semejantes. Eso de viajar sin cobrar, sin tener contrato no me sonaba bien, era un riesgo.

Después de mucho pensarlo, decidí ir a Morelia. Presenté el programa y me pidieron una propuesta grande, era nada menos que la División Centro Occidente de Distribución de energía eléctrica de la empresa paraestatal que monopolizaba la electricidad en todo el país.

Mi propuesta fue aceptada. Jamás olvidaré lo que representó ganar la confianza del ingeniero Jaime Palomares, el gerente. Se trabajó intensamente, fueron varios grupos de todos los niveles. Años después cuando se creó el Premio Nacional de Calidad otorgado por FUNDAMECA (la Fundación Mexicana de la Calidad), esa División de la Comisión Federal de Electricidad (CFE) fue de las primeras en obtener el premio. Se lo merecían, sin duda.

Este trabajo en la Centro Occidente, nos llevó a la Centro Sur, a la del Sur-Sureste, a la de Yucatán, y varias otras divisiones de distribución de la Comisión Federal de Electricidad.

En México la mayor parte de los contratos importantes de capacitación y consultoría son objeto de licitaciones. Suelen ser reñidas y difíciles. Por ello me dediqué a construir atributos que nos fueran útiles para esas licitaciones, por ejemplo: fuimos el primer despacho en obtener la certificación en ISO 9000, en obtener consultores e instructores certificados en las normas respectivas, los primeros en contar con Internet con servidor y línea dedicada en la nube computacional, etc.

Cuando iba a publicarse la versión del año 2000 de la norma ISO 9000 comenzamos a comprar por Internet, desde Ginebra, las versiones preliminares de la nueva norma. La estudiamos a fondo y en CENCADE nos dividimos los distintos aspectos en diversos capítulos para escribir un libro que explicara los nuevos requisitos.

El libro nos lo publicó la Editorial Panorama y se llegaron a reimprimir cinco ediciones, con el título: "Hacia una calidad más robusta con el ISO 9000-2000". El director general de la editorial, Luis Castañeda, nos brindó un gran apoyo asignándonos una excelente correctora de estilo y luego un buen editor. Desde ciudades lejanas al Distrito Federal nos llegaron a invitar para impartir cursos sobre los sistemas de gestión de la calidad y para participar en licitaciones, gracias a la fama que nos generó este libro.

Recibimos la llamada de un jefe de proyecto de Pemex Exploración y Producción de la Región Sur. Nos preguntaron si podíamos recibir a un grupo que estaban buscando proveedores para un programa de capacitación en calidad que ya habían diseñado. Se hizo la cita, les presentamos y se fueron con nuestra presentación.

Diez días después me habló el jefe de ellos, el ingeniero Gustavo Pérez Durán, me preguntaba si estaba dispuesto para ir a Villahermosa, Tabasco para darles una sesión de tres horas.

Me advirtieron que durante tres días ellos estarían viendo a otras tres empresas y de ellas escogerían con quién trabajar.

Viví otra vez la situación anterior con la CFE, ahora era con PEP (la subsidiaria de PEMEX) la empresa más grande de México. Fui, impartí el curso y me regresé el mismo día. Con mucha sensatez me pusieron un horario donde no tenía que hospedarme. Villahermosa tiene tantos vuelos al día que fue fácil irme en el primero y regresar en el último.

Pasaron otros diez días angustiosos en espera. Finalmente llegó la noticia. La decisión nos favoreció y viajé para hacer un plan a dos años, para 440 grupos y 11,750 trabajadores.

Para cumplir con el proyecto tuvimos que atraer talento, con una directora de operaciones muy estructurada y exigente, la Maestra en Psicología Educativa Rocío Cuentas Montejo, conseguimos especialistas dispuestos a capacitarse intensivamente en el tema contratado y…rapidito a impartir los cursos en las poblaciones que les correspondiera.

Fueron dos años de agitación y de entusiasmo colectivo. Todos los involucrados en el programa estábamos verdaderamente felices. Los capacitados se expresaban muy satisfactoriamente de los cursos que tomaban.

Era un solo curso de 48 horas de duración, ocho horas diarias de lunes a sábado. Gracias al excelente diseño del curso, el interés que se despertaba en el tema era enorme. Se desarrollaba con mucha interacción. Al terminar las ocho horas del día, la gente seguía allí pregunta y pregunta al instructor o conversando entre ellos. Era un ambiente admirable.

Lo más sobresaliente venía al final. El sábado tenían una gran recepción para su instructor y festejaban la experiencia de la manera más cálida que he vivido. No solo existía alegría y orgullo por terminar una formación intensiva, se notaba la ausencia de cansancio no obstante haber estado encerrados 48 horas continuas.

Cuando nos plantearon el programa nos advirtieron: "tomen en cuenta que son gente de campo, muy activos y no están acostumbrados a encerrarse en un salón a estar tomando un cursito". Con gran firmeza le dije al coordinador: ingeniero, no se preocupe, ya lo hicimos y tuvo éxito, aquí también será así. Y así fue.

Al tercer año, el ingeniero Pérez Durán me comentó que harían otro concurso con el tema de Peter Senge de grupos inteligentes. Pero me pedía comprensión, CENCADE no podría participar.

Me llamó la atención la razón justificatoria que me daba "si vuelve a ganar CENCADE pensarán que los estoy favoreciendo y que hay algo de por medio".

Es curioso, cuando atendemos a una empresa nos deshacemos por darle el mejor servicio posible y por ganarnos su confianza. Si es una empresa privada, valora lo que significa tener un proveedor confiable. Si es una empresa del sector público, resulta que no puede contratar más de dos veces "porque se puede pensar mal".

Ese proyecto resultó extraordinario. El ingeniero Pérez Durán nos extendió una carta de reconocimiento que me llevó a enmarcarla dice "entre otras cosas porque la logística y el profesionalismo permitieron cumplir satisfactoriamente, sin fallar un solo manual y un solo instructor, en la capacitación de 11,750 trabajadores".

Después de ese proyecto, recibimos la invitación del BCIE (Banco Centroamericano de Integración Económica) para ir a Tegucigalpa, Honduras, a presentar los servicios de CENCADE en calidad. Fui y el director de planeación me otorgó su confianza. Regresé con un contrato que nos permitió impartir cursos en el Banco Central de cada país de Centroamérica.

En 2000, después de que salió a la luz pública nuestro libro con el análisis de la nueva norma ISO 9000, intensificamos la comercialización de nuestros servicios relacionados con la capacitación y consultoría en dicha norma. Brindamos servicios que llevaron a la certificación en ISO 9000 a 387 procesos de distintas empresas.

Llegó el nuevo gobierno, un sexenio muy empresarial. Plantearon desde su inicio una devoción y un compromiso por construir "un gobierno de calidad". Se abrieron las puertas de las grandes oportunidades para quienes, como nosotros en CENCADE, éramos expertos en el tema, con un currículum de proyectos exitosos y un libro publicado y reeditado.

Al programa lo llamaron INTRAGOB, lo fomentaron y le crearon premios a los mejor evaluados. Trabajamos con más de treinta distintas áreas del gobierno para implantar una cultura de calidad, para obtener el certificado ISO 9000 y, por supuesto, para obtener el PREMIO INTRAGOB. Eran contratos que nos llevaban un par de años, a lo largo y ancho de todo México. Todo el sexenio 2000-2006 tuvimos mucho trabajo.

El sexenio siguiente tuvo rechazo a los programas de calidad, no obstante que los gobernantes eran del mismo partido político, a estos les interesaba desbaratar lo construido en el sexenio anterior. Eso ha sido lo usual en México. Por eso son tan peligrosos los cambios sexenales.

La escasez de trabajo nos llevó a buscar financiamiento de las instituciones bancarias. Fueron años de grave apuro económico en CENCADE. El endeudamiento creció a montos sorprendentes. Los pagos de intereses aumentaban cada mes. No tenía el valor de tomar una de las decisiones más difíciles de una empresa: despedir personal.

En 2004 abrimos otra línea de negocios enfocada a la automatización de procesos. Tuvimos un año antes (2003) un exitosísimo proyecto de consultoría en mejora de procesos. El cliente quedó gratamente impresionado por los resultados obtenidos y nos recomendó con una firma de *software* que poseía un *Business Process Management* (BPM).

Lo que habíamos hecho con lápiz y papel, se podía trabajar más rápidamente y con mayor precisión con este *software*. Nos fascinó. Comenzamos a representarlo y logramos apenas un par de implantaciones. Pero el gran problema se nos vino porque entre proyecto y proyecto sufríamos tiempos muertos de tres o cuatro meses, de modo que sostener esa nómina de especialistas caros (los que nos quedaban) y sin poder vender un proyecto, nos pegó severamente en las finanzas.

Sufrimos el viacrucis de la insolvencia. Hubo meses en que el pago de intereses a los bancos era mayor que el pago de la nómina de toda la empresa.

Las consecuencias de semejante situación fueron catastróficas. Eso me llevó a perder el 70 por ciento de la propiedad de la empresa. Después de 34 años de esfuerzos continuos, esta sangría me tiró al piso. La ayuda que permitió salvar a la empresa para que subsista representó dejarme como socio mayoritario, pero con el 30 por ciento de propiedad.

Esta trágica pérdida merece un análisis concienzudo en beneficio de nuestros emprendedores entusiastas que aspiran a construir su empresa propia. ¿Qué fue lo que pasó? ¿Cómo es posible que una empresa de consultoría que está certificada, que tiene instructores y consultores certificados, que se dedica a impartir programas de mejora continua sufra una crisis tan terrible?

La analogía que se me viene a la mente es lo que le digo a mis doctores "usted no tiene derecho a enfermarse", nada más se ríen y me contestan "ojalá y fuera así". La verdad es que los médicos también se enferman. Esto no justifica que una empresa de consultoría no sepa tomar las medidas que sugiere a sus clientes.

Una cosa es aconsejar al capitán del barco y otra es tener el timón. Como dijo el presidente López Portillo: "soy responsable del timón, pero no de la tormenta". A mí la tormenta me derribó, pero no puedo pensar en ella como justificación. Fueron mis propias decisiones las que me llevaron a la quiebra. Me faltó valor para tomar las decisiones que sabía que debía tomar en el momento.

La primera decisión que nunca tuve valor de tomar era la de cortar personal. Mis creencias me tenían anclado en una suposición firme "los contratos van a llegar", hay que esperar un poco más, siempre pensé en lo que suele decirse "cuando más oscura está la noche es un poco antes del amanecer". Tenía confianza de que estábamos muy cerca de un amanecer que nunca llegó.

La segunda decisión que no tomé era la de hablar con los bancos y declarar la insolvencia para acordar un programa de pagos. El ciclo económico (la tormenta) que me fue adverso se compuso apenas firmé la entrada de socios nuevos por el 70 por ciento. Si en aquel momento hubiesen estado las tasas de interés que hay ahora, más o menos la mitad de lo que yo pagaba, la situación hubiera tenido un desenlace diferente.

La tercera decisión que no tomé era la de abandonar líneas de negocio que nunca aprendimos a manejar, como el BPM, y salirnos de segmentos que dejaron de comprar a empresas pequeñas como el caso del gobierno en el sexenio 2006-2012.

Como corolario, debo decir que la entrada de uno de mis hijos en calidad de director comercial funcionó de maravilla y ha logrado en los últimos años resultados espectaculares. Lo cual me tiene con estado de ánimo muy positivo. La estafeta ya pasó a otras manos, jóvenes y diestras.

Me parece que el mensaje consiste en aceptar lo que viene, pero seguir luchando sin desmayar. En toda esta jornada de 36 años ha habido retos difíciles de vencer y algunos los hemos superado y otros no, pero el balance es positivo.

¿Qué me hubiera pasado insistiendo en ser funcionario público? ¿Acaso habría disfrutado de un mejor nivel de vida? ¿Más orgullo por mi trabajo? ¿Más aprendizaje? Pudiera ser, de lo que estoy seguro es que hacia atrás no hay hubieras. Lo que logré allí está, lo que no fue, forma parte de mi aceptación y eso me tiene tranquilo.

Sólo me resta desear suerte al emprendedor que tiene el valor de enfrentar sus miedos.

Alfredo Esponda Espinosa
Te invito a leer mi blog semanal:
www.liderazgoorquestador.com

Aprender No Es Un Juego De Niños

Por Aurora E. Guerra Chiw
mijares.auroraguerra@gmail.com

Soy autora, conferencista, terapeuta e investigadora del comportamiento humano, directora general del Colegio Mijares y gerente de Smiling Games en la ciudad de Torreón, Coah. México.

Me he dedicado por más de 30 años a la investigación y desarrollo de técnicas educativas así como a demostrar la manera en que el desarrollo de las habilidades e inteligencia emocional pueden proveer a niños y jóvenes, más posibilidades de vivir en forma productiva, alegre, feliz.

A lo largo de mi vida he tenido la oportunidad de convivir con niños y jóvenes ya que mis padres se dedicaron a la educación particular, de tal modo que mi primera carrera profesional fue la de Maestra en Educación Primaria, después continué mis estudios obteniendo la Licenciatura en Economía, cursé la Maestría en Administración y me doctoré en Educación y Terapia Educativa.

Las investigaciones sobre la inteligencia emocional aplicada y el uso de la tecnología en la educación, me han ayudado a apoyar a numerosos padres de familia a resolver dificultades con sus hijos; la infancia y la adolescencia son etapas que debemos aprovechar para preparar a los niños y jóvenes para la vida desarrollando sus habilidades emocionales y sociales.

El nacimiento

Cuando un niño viene al mundo, la vida personal y profesional de los padres se ve transformada en todas las esferas de su vida. Por ejemplo, en el ámbito personal, el ser padre viene acompañado de una serie de cambios psicológicos, emocionales y de identidad. Igualmente, las rutinas tales como comer, dormir, quehaceres, etc., se ven alteradas a tal grado de llegar a interferir con la vida profesional. No obstante, al transcurrir los primeros meses, se espera una sintonización de los padres con esa nueva vida; aunque alcanzar un balance entre trabajo y cuidados al bebé es un reto considerable para ambos sexos. Requiere de mucha comunicación, negociación y consideración, de la pareja y de quienes los rodean.

Por lo antes mencionado, hay que subrayar que, a pesar de ser gratificante, el atender las demandas de un infante es agotador, y en muchos casos, una causa de gran estrés y de reducción de la intimidad entre los padres; en consecuencia, muchas parejas son susceptibles de experimentar una disminución de felicidad marital. Sin embargo, Holden (2010) considera que eso es menos común en aquellas parejas que planearon quedar embarazados, o con altos niveles de felicidad marital antes del embarazo. Otra posible fuente de estrés ligada a la paternidad es el factor económico; pues se estima que el costo de manutención desde el nacimiento hasta los 18 años es de aproximadamente 191,000 dólares americanos en promedio, sin incluir los estudios superiores (Holden, 2011). Finalmente, otro factor que puede agravar la situación es el de un bajo nivel de implicación del padre en el cuidado del bebé, tema que será discutido en la siguiente sección.

La implicación paterna

Desde el embarazo hasta la primera etapa del nacimiento, la presencia y el acompañamiento del padre es primordial para que la mujer se siente querida, cuidada, lo cual le ayudará a sentirse de la mejor manera en todos los altibajos hormonales, la lactancia y el cuidado del hijo, tareas que a menudo resultan fatigantes.

Más delante, la participación activa del padre en el cuidado de sus hijos es igualmente importante. Hoy se sabe que un niño con más de una figura de apego, con más de una persona que lo cuida y le hace sentir querido, es un niño que crece con una base más sólida para enfrentar la vida. Cabe mencionar que el padre y la madre pueden fungir roles muy específicos en la interacción con sus hijos pequeños, ambos se complementan y se adaptan a la etapa de desarrollo del niño.

Algunas investigaciones se han llevado a cabo para entender las características de la interacción entre madre-hijo y padre-hijo, Samter y Haslett (1995) señalan algunos aspectos de la especificidad que aporta el padre. Por ejemplo, en las familias biparentales, el padre es quien aporta más en el desarrollo motor del niño; el papá tiende a cargar a su bebé con el objetivo de jugar con él, mientras que la madre lo hace mayormente con la finalidad de atender sus necesidades físicas, como alimentarlos, hacerlos eructar, bañarlos, etc. Además, se ha encontrado que son los padres quienes llevan a cabo juegos que implican el físico y la espontaneidad. Por su lado, las madres tienen una mayor tendencia a iniciar juegos y rutinas verbales, actividades de resolución de problemas cognitivos y motrices.

En la interacción, los padres tienden a optar por un estilo más directivo. En otras palabras, la madre tiende a ofrecer interacciones que conllevan regulación y la estabilidad, mientras que los padres ofrecen estimulación de forma más intensa, pero al mismo tiempo, ayudan a sus hijos a tener seguridad en sí mismos. Esto les ayuda a salir al mundo en el proceso de "destete" de la mamá.

También se asocia al padre en la representación de un modelo de identificación masculina para los niños, y un modelo de diferenciación para las niñas.

La importancia de la implicación de los padres es evidente, se puede decir que los estilos de interacción del padre y la madre conllevan características y objetivos particulares, sin embargo, ambos se complementan para ofrecer a sus hijos una amplia gama de experiencias y aprendizajes relevantes para su desarrollo (Samter y Haslett, 1995). No obstante, esas características pueden responder a estereotipos culturales, donde el hombre, a diferencia de la mujer, está mayormente orientado hacia lo físico, y menos hacia la sensibilidad y a la comunicación. Así, en las familias latinas, es normal e incluso deseable que la madre juegue un rol primordial en la educación moral y en la transmisión de los valores propios a su cultura, a aprender a socializar (Durand, 2011).

En muchos contextos socioculturales el padre ha sido visto como el proveedor económico de la familia. Sin embargo, desde hace décadas la mujer ha ingresado al mundo laboral, y la tarea se debe compartir de tal modo que los padres tienen la responsabilidad de tener acercamiento con los hijos para dar enseñanzas, afecto y sostén emocional al igual que las madres.

Para ello, vale la pena adoptar una visión positiva y asumir el rol de padres como un trabajo en colaboración, con la idea de disfrutar plenamente cada momento esa etapa única, ya que pasado el primer año de vida del hijo, este requerirá de menos cuidados especiales; sus patrones de sueño y vigilia se van volviendo más como los de un adulto, el bebé aprenderá a caminar y será capaz de dejar el pañal, etc. La misma actitud se podría aplicar a todas las etapas subsecuentes del niño.

Estructuración de rutinas

A pesar de que algunos padres piensen que la rutina destruye la espontaneidad, los niños necesitan un ambiente estructurado para darles seguridad y estabilidad. El hecho de llevar una rutina no es un impedimento para la espontaneidad y creatividad, sino todo lo contrario. Sin una rutina, se corre el riesgo de caer en el caos y la desorganización. Inclusive, el niño tiende a apreciar las rutinas en su vida, pues el hecho de saber de qué está compuesto su día le da seguridad, lo tranquiliza y lo hace sentir más cómodo y menos ansioso.

Los beneficios a largo plazo se pueden traducir en una mayor seguridad para los niños, ellos aprenden a ser responsables de sus actos, y a aprender habilidades de cooperación en el seno familiar.

Establecer una rutina es también una manera de enmarcar la disciplina y disminuir la lucha de poder. El niño que está habituado a una rutina no necesita recibir tantas órdenes de sus padres, y estos a su vez, se evitan disgustos y conflictos, por ejemplo, a la hora de dormir, de levantarse, de la comida, las tareas del hogar, las tareas de la escuela, etc. Cuando los niños se habitúan a su rutina, suelen ser muy estrictos con el cumplimiento de esta, incluso más que los padres, por ejemplo, si el niño está acostumbrado a escuchar una historia antes de dormir, es probable que tenga problemas para conciliar el sueño si los padres intentan omitir esta parte de la rutina. Es por eso que los padres deben ser cuidadosos de no alterar abruptamente esos hábitos, a menos de que se intente hacer un cambio en la rutina.

Al principio pude ser algo que tome muchos esfuerzos y acciones conscientes por parte de los padres, y algo de resistencia por parte de los hijos. Puede que incluso se tenga que crear una agenda, con tiempos y horarios bien establecidos. Sin embargo, es importante recalcar que los padres deben ser realistas en sus expectativas y enfocarse en un problema a la vez; no es factible querer introducir o cambiar varios hábitos o rutinas al mismo tiempo. A medida que el niño crece, los padres deben consagrar esfuerzos disciplinarios para regular la calidad y la cantidad de emisiones televisivas, juegos electrónicos y acceso a dispositivos o gadgets pues no es conveniente que los utilicen por demasiado tiempo, entendiendo que es muy útil que sepan utilizarlos pero que se deben intercalar tiempos para así evitar futuros problemas ligados al déficit de atención, pasividad, agresividad, consumismo, etc.

Dentro de la rutina, los padres no deben olvidarse de incluir juegos y otras actividades lúdicas, es recomendable que busquen espacios y momentos de recreación y diversión, pues el juego proporciona aprendizajes significativos, cargados de emociones positivas. La diversión de la familia no tiene que tomar mucho tiempo o costar mucho dinero. Al divertirse juntos muchos problemas desaparecen, los niños experimentan el placer de plenitud al compartir con sus padres, y entre más espontáneo mejor, por ende, este se puede llevar a cabo en el parque, en la casa, cocinando, leyendo un libro, cantando mientras viajan en coche, en centros de entretenimiento infantil en donde los papás puedan platicar y divertirse con sus hijos, etc.

Los primeros 5 años de vida son de cambios dramáticos, es este periodo en el que los niños aprenden a comunicarse a través del lenguaje, empiezan a desarrollar un concepto propio, descubren maneras de regular sus emociones, y se vuelven competentes en interacciones sociales, siendo muy importante la calidad y la cantidad de ayuda, o del "andamiaje" cognitivo y emocional que los padres proveen a sus hijos para su desarrollo futuro, en todos los ámbitos de su vida, incluso, del futuro de la sociedad y de la nación.

La Educación Continua

Se dice que nadie nació sabiendo ser padre, y que cuando los niños nacen, no vienen con instructivo, pero eso no significa que el ser padres debe ser percibido como un desafío casi imposible. Desde luego, están las experiencias compartidas por los miembros de un grupo de familiares y amigos. Para muchos, la base del cuidado del bebé se encuentra en una mezcla de intuición y creencias en las que confluyen tanto conocimientos prácticos acumulados a lo largo del tiempo, como valores anclados en el contexto sociocultural en el que se encuentran.

En ciertas situaciones, los padres pueden sentirse desorientados o inseguros sobre la mejor manera en la que deben proceder para con sus hijos. Como recursos para el cuidado, los padres de hoy en día cuentan con revistas especializadas en estimulación temprana, libros, y hasta programas de televisión. La Internet también constituye otra gran fuente de información. De acuerdo con Holden (2010), la Internet ha influenciado nuestra cultura y ha influido a reconfigurar la visión de cuidar y atender, bastan algunos clics para tener acceso a más de 42.000 libros sobre cuidados del bebé, si se escribe la palabra "estimulación temprana" en un buscador, se puede encontrar más de medio millón de recursos, ya sean provenientes de fuentes fiables, o no. Los padres pueden tener mucha información pues es fácil encontrarse con foros, chats, y blogs, donde cualquier persona puede pedir o publicar una opinión en línea sobre cualquier tema.

Toda esta amplitud de acceso a la información puede ser de gran ayuda, pero también una fuente de confusión y desinformación que ha dado lugar a muchas ideas sin una base razonable. Para ilustrar este punto, Holden (2010) nos presenta el caso del "efecto Mozart". A raíz de un estudio llevado a cabo por Don Campell en 1997, el solo hecho de exponer a los niños a la música de Mozart aporta efectos positivos como el aumento del coeficiente intelectual y el desarrollo cerebral del niño.

A pesar de que estos resultados no se pudieron replicar ulteriormente en otros niños, la sensación causada por estos "hallazgos" tuvo tal impacto, que algunos Estados de la Unión Americana proporcionaron un disco de música de Mozart a los padres de todo recién nacido. En otros estados, escuchar la música de Mozart se estableció como parte del programa de guarderías y centros de la primera infancia. Hoy en día, podemos constatar cómo esta idea es empleada por el mundo del marketing y ha tenido como resultado que se venda música de Mozart adaptada a los niños con la primicia de influir en el desarrollo intelectual del niño.

En todo caso, resulta muy positivo que los padres que tengan dudas busquen orientación con terapeutas educativos, generalmente en centros en donde se da estimulación temprana hay especialistas que pueden apoyar y asistir a los padres en algún aspecto específico sobre la educación de los hijos, en Torreón, Coah. México, se encuentra el centro Smiling Games que ofrece tanto estimulación temprana como consultas particulares. También en los mejores colegios o escuelas, como el Colegio Mijares en Torreón, hay especialistas cuyas experiencias son sumamente enriquecedoras para los padres.

Estos programas son llevados a cabo por gente experta en el tema, basándose en evidencia científica. En este tipo de intervenciones, el enfoque será puesto en proponer una solución a un problema particular adaptado a las necesidades y al contexto específico de la familia. Tal es el caso de una experiencia llevada a cabo por Fabrizio, et al. (2012), la cual se centraba en el entrenamiento de habilidades específicas de formación y educación para aumentar la satisfacción del matrimonio y la relación padre-hijo, y a su vez, de promover un ambiente más armonioso en la familia.

El programa de intervención se enfocaba en alentar a los padres al acercamiento hacia sus hijos para disminuir el control negativo, a través de sesiones enfocadas en la construcción de relaciones, sobre cómo disciplinar los malos comportamientos de una manera positiva y de cómo negociar un buen comportamiento, así como del control del enojo. Los resultados demuestran que esta intervención tuvo un efecto positivo sobre los cambios que los padres adoptaron para sus prácticas educativas.

Autorregulación de las emociones
Además de las consecuencias discutidas anteriormente sobre el tipo de vínculo afectivo que los padres establecen con sus hijos, otro aspecto importante de la educación, de la socialización y el desarrollo emocional del niño, es el de la mediación que los padres ofrecen a sus hijos en el proceso de llegar a regular sus propias emociones: el desarrollo de la inteligencia emocional. Este tema es tal vez uno de los aspectos sobre el desarrollo psicosocial del niño que ha recibido particular atención por parte de investigadores, educadores, y padres de familia en los últimos años.

Inteligencia emocional
Si consideramos que todo ser humano nace con un potencial para auto regular sus sentimientos, esto conlleva al desarrollo de una serie de habilidades ligadas a la inteligencia emocional. El grado en el que esto se lleva a cabo desde la primera infancia

tiene múltiples implicaciones para la vida en sociedad. Por tanto, en los siguientes párrafos vamos a explorar el origen de este concepto, la importancia de seguir de cerca el desarrollo de la inteligencia emocional desde los primeros años del niño y algunos consejos generales para los padres.

El concepto de inteligencia emocional y coeficiente emocional fueron usados por primera vez por Salovey y Mayer en 1990, quienes definen inteligencia emocional como "un tipo de inteligencia social que implica la habilidad de monitorear las emociones propias y las de los demás, de saber discernirlas, y de usar esa información para guiar las propias acciones", (Salovey y Mayer, 1989-1990, p.189, traducción libre). Más tarde Daniel Goleman en su libro (1995) propone que este tipo de inteligencia es incluso más importante que el coeficiente intelectual, pues el nivel de control y conocimiento de las emociones tienen un papel significativo en la dirección de la formación de nuestro comportamiento y personalidad. Si bien la inteligencia emocional es un factor relacionado con el éxito en la vida, Melanie et al. (2002) consideran que por ahora es arriesgado decir que sea el único factor clave.

Inteligencia emocional y educación
El involucramiento de los padres en la educación de sus hijos es crucial para el desarrollo del manejo de las emociones de forma saludable y constructiva. Kumar y Aggarwal (2010) se han centrado en las implicaciones de la inteligencia emocional en la educación de los hijos, sin embargo, para estos autores, los niños tienen que ser educados tomando en cuenta que ellos son el futuro de nuestro mundo. Por tanto, resulta de gran ayuda que los padres se encuentren informados de lo que significa la inteligencia emocional en un niño y lo que implica un estilo de educación conveniente; desde una posición paterna y materna que les permita intervenir de forma oportuna en los eventos

cotidianos que forjan el futuro de sus hijos.

Kumar y Aggarwal (2010) señalan que desde la más tierna edad es crucial estimular en el niño la autoconciencia de sus límites y fortalezas; el cómo y el por qué de sus sentimientos; eventualmente, serán capaces de manejar sus emociones de la mejor manera frente a situaciones adversas de la vida, llámese frustración, estrés, conflictos, tristeza, etc. Igualmente, Melanie et al. (2002) señala que, una vez identificadas las emociones, el siguiente paso es enseñar/aprender a manejarlas, más no a suprimirlas.

Una función muy valiosa del conocimiento y la regulación de las propias emociones, es que estas no alcancen niveles extremos e incontrolables frente a situaciones difíciles, a tal punto de desencadenar patologías como la depresión, la paranoia, las compulsiones, etc.

A medida que el niño crece, será más común que este pase más tiempo fuera de casa, rodeado de otras personas y en situaciones que pondrán constantemente a prueba su inteligencia emocional. Por tanto, los padres deben tomar conciencia de pasar tiempo junto con sus hijos y así prepararlos para el mundo exterior. Se presume que cuando los niños practican esto en casa, dentro de un ambiente seguro, es más probable que lo practiquen de igual modo en la sociedad a mediano y largo plazo. Este "entrenamiento" les permitirá crecer con menos problemas emocionales y de comportamiento (Alegre, 2012), y a construir relaciones interpersonales más sanas (Kumar y Aggarwal, 2010).

El rol que la madre o el padre juegan en el desarrollo de la inteligencia emocional ha sido explorado a través de investigaciones empíricas. Por ejemplo, Alegre (2012) llevó a cabo un estudio que se centra en el estudio de la correlación del tiempo que las madres y niños pasan juntos y los rasgos de inteligencia emocional en el niño. Partiendo de la premisa según la cual la manera como se educa a un niño puede predecir su inteligencia emocional, los resultados de los estudios sugieren que el tiempo que las madres y los niños pasan interactuando fue positivamente correlativo a una mayor tendencia del niño a regular exitosamente sus emociones.

Con base en estos resultados, Alegre (2012) sugiere que durante la interacción madre-hijo, las madres modelan la regulación de las emociones, de tal manera que los niños aprenden a poder regular sus propias emociones. Asimismo, las madres refuerzan los esfuerzos que el niño hace para regular sus emociones, de este modo el niño es capaz de evolucionar en sus estrategias de autorregulación.

Otros autores también han señalado algunos beneficios a largo plazo de sostener el desarrollo emocional del niño (Kumar y Aggarwal, 2010; Melanie et al., 2010). Por ejemplo, el de tener mayores posibilidades de llegar a ser adultos responsables y mejores ciudadanos, con habilidades sociales valiosas como la empatía, la adaptabilidad, la sociabilidad, la capacidad de mantener pensamientos y actitudes optimistas, que a su vez se traducen en la toma de decisiones inteligentes y en una vida más fructífera. De no ser así, el niño es más susceptible de experimentar una mayor dificultad para manejar las relaciones interpersonales de forma armoniosa y de hacer frente a los altibajos emocionales, entre otros.

Recomendaciones
Es importante recalcar que el coeficiente intelectual no está relacionado con las habilidades emocionales que se asocian a la inteligencia emocional (Goleman, 1995; Kumar y Aggarwal,

2010). Sin embargo, es frecuente que los niños sean comparados con otros niños en cuanto a sus habilidades académicas. Es por eso que hay que evitar todo tipo de comparaciones negativas, comentarios o etiquetas que puedan traducirse en problemas de baja autoestima para el niño.

Melanie et al. (2002) propone que la inteligencia emocional sea conceptualizada según cinco dominios o habilidades que nos pueden servir de guía para tomar acciones precisas según las necesidades de cada niño. Estos son: conocer sus propias emociones; manejar las emociones de una forma saludable y constructiva; motivación intrínseca (auto motivación) para hacer o lograr algo; reconocer las emociones en otros (empatía); manejar las relaciones interpersonales. En cada uno de estos dominios se recomienda inducir y reforzar en el niño los comportamientos que son adecuados para el desarrollo de su inteligencia emocional.

A partir de la publicación de Kumar y Aggarwal (2010), presento a grandes rasgos, una lista de los consejos prácticos para orientar a los padres en la educación de sus hijos, específicamente en torno al tema del desarrollo de la inteligencia emocional:

• Monitorear el comportamiento del niño en las diferentes situaciones problemáticas a las que se enfrenta, y ayudarle canalizar los sentimientos de miedo, ansiedad, etc. Es importante ayudarles a entender los sentimientos que ciertas situaciones les provocan.

• Otorgar tiempo a los niños para que expliquen sus sentimientos, deseos, miedos y aspiraciones. Estar atentos a lo que dicen, al mismo tiempo que dichos sentimientos son reconocidos y validados por los padres. Se recomienda que los padres dediquen 20-30 minutos al día para dejar a sus hijos hablar todo lo que quieran, de modo que ellos se sientan dueños de la situación y libres de expresarse.

- Mantener un ambiente emocional balanceado en casa. Los padres deben intentar lo más posible no entrar en discusiones ni enfrentamientos frente a su hijo.

- Ser modelos de paciencia y perseverancia.

- Evitar reaccionar a emociones negativas, y así evitar catalizar una situación de conflicto. Si el niño moja la cama o sus pantalones, es mejor actuar con naturalidad y explicar que eso sucede a veces, que no hay que olvidarse de ir al baño antes de dormir, etc.

- Asignar roles y trabajos dentro de la familia para hacer sentir al niño como parte integral de esta. Introducir al niño en la toma de decisiones independientes y darle un espacio libre para hacerlo.

- Proveer al niño con entrenamiento sobre cómo transformar un sentimiento o situación negativa en una oportunidad para mejorar.

- Observar cómo los niños sacan su frustración y mostrar empatía y apoyo. Darles la oportunidad de que sepan que pueden acudir al padre para buscar guía sobre cómo confrontar situaciones difíciles.

- Proveer situaciones de pensamiento divergente (creatividad), actividades como rompecabezas, acertijos, adivinanzas, resolución de problemas simples, etc.

- Evitar poner demasiado énfasis en hábitos malos o negativos, ya que puede hacer que el niño se siente emocionalmente molesto y crea complejos de inferioridad en el niño. En vez de eso, se recomienda enfatizar las cualidades positivas que posee el niño.

- Darle importancia al humor y a la recreación.

- Introducir la importancia de comunicación no verbal. Un gesto tan simple como el sonreír puede hacer la diferencia.

- Explicar que es más saludable asumir sus propias emociones en vez de culpar a los demás. Es común que los padres intenten consolar a sus hijos culpando a la mesa que se atravesó e hizo que el niño se pegara en la cabeza al levantarse pero esto no es adecuado ni recomendable pues le estamos diciendo al niño que otros son los responsables de sus propias acciones.

- Fomentar la empatía, explicar cómo y por qué, es importante colocarse en el lugar de otras personas para saber y comprender cómo ven estas personas las situaciones, cómo las sienten, cómo actúan, utilizando una frase común "ponerse en los zapatos del otro".

No obstante la practicidad aparente de estos consejos, no hay que perder de vista tres factores clave para su aplicación efectiva: congruencia, perseverancia y dedicación.

Primeramente, hay que recordar que los niños son un reflejo de sus padres, por tanto, la congruencia implica que ambos padres, deben ellos mismos intentar aplicar estos consejos para su propia conducta, de forma consciente y regular.

En segundo lugar, la perseverancia significa que el desarrollo de la inteligencia emocional, al igual que cualquier ámbito del desarrollo infantil, se realiza paulatinamente y de forma casi imperceptible como resultado de pequeñas acciones cotidianas. Se trata de un proceso de constante adaptación en cuanto a la manera de nutrir el desarrollo integral del hijo.

Finalmente, la dedicación es igual de importante, pues no hay que olvidar que para construir algo de calidad, hay que dedicarle tiempo y esfuerzo. Aquí se aplica perfectamente la preeminencia de la "calidad", sobre la "cantidad", pues lo más importante es que los padres hagan un esfuerzo consciente para dedicar tiempo de calidad a los hijos, a través del cual intentarán favorecer la inteligencia emocional de sus hijos, primero de forma consciente e incluso fatigante, hasta que se vuelva parte de su estilo de educación.

Es recomendable que en la medida de sus posibilidades, los padres se mantengan en constante enriquecimiento, en una "educación continua", por ejemplo; al buscar grupos de encuentro de padres, lecturas, talleres y foros sobre la inteligencia emocional, etc. Estudios como el de Fabrizio, et al. (2012) han demostrado que una intervención puntual sobre prácticas efectivas de educación puede mejorar las relaciones entre padres e hijos.

Después de revisar brevemente los componentes asociados a la inteligencia emocional, hemos visto que la puesta en marcha de prácticas reflexivas de educación hacen la diferencia al momento de ayudar a los niños a tomar progresivamente el mando de sus emociones y a llegar a ser individuos que funcionan armoniosamente en la vida en sociedad.

También, se han presentado algunos consejos, con el objetivo de orientar a los padres en torno al desarrollo de la inteligencia emocional, sin perder de vista que la perseverancia, la constancia y la dedicación son actitudes que enmarcan este proceso. Y asimismo se invita a los padres a buscar consejo con especialistas en la materia y hacer un proyecto de crecimiento personal y familiar que se enfoque en mejorar y desarrollar las habilidades de gestión de emociones.

CONCLUSIÓN

Con la intención de ofrecer a los padres y educadores una visión del cuidado y atención de los niños de forma amena y práctica, pero a la vez nutrida de discusiones en torno a investigaciones empíricas pertinentes. He llevado a cabo sobrevuelo de diversas dimensiones educativas que considero merecedoras de particular atención en el proceso de socialización: el concepto de educación ayer y hoy; los estilos parentales con respecto al control y la disciplina; los estilos de vínculos paternos de apego y su impacto en el estilo afectivo que caracteriza la personalidad del niño; la estimulación de la autorregulación de emociones y el desarrollo de la inteligencia emocional.

Igualmente, hemos recorrido someramente otros desafíos educativos, tales como los cambios y preocupación que experimentan los padres de un recién nacido; la implicación activa del padre a lo largo del desarrollo del niño; la estructuración de rutinas en la vida cotidiana familiar; la estructuración del entorno espacial del niño; y finalmente, el desafío de acompañar el desarrollo del hijo con un proyecto de educación y mejora continua en el rol de padre y madre.

Finalmente, al abordar el tema de la educación, se ha recalcado que es imprescindible no desconocer que la misma está en estrecha relación al desarrollo infantil, las diferentes concepciones de niño, la sociedad, las costumbres y normas socio-históricas y culturales. Por tanto, somos conscientes de que los aspectos del ambiente familiar que hemos discutido a lo largo de este texto no son los únicos factores que entran en juego en el desarrollo del infante; desde luego restaría considerar el rol del estatus socioeconómico de la familia, el contexto cultural y político-familiar, así como otros actores de la escena familiar; por ejemplo, la influencia de los hermanos u otros compañeros de juego y de los cuidadores o niñeras; sobre todo cuando por diversas razones (trabajo, separación, etc.), alguno de los padres (o ambos), no pueden dedicar suficiente tiempo a sus hijos.

Igualmente, he dejado al margen las diferencias individuales del niño tales como los estilos de aprendizaje, los temperamentos, etc., así como la relación de estos sobre el estilo de aprendizaje al cual se adhieren los padres, por estas y muchas otras razones es necesario que la familia se acerque a la guardería o estancia infantil, al kindergarten, primaria, secundaria, etc., para que con la experiencia y fortaleza que tienen los maestros en la docencia y con el apoyo de especialistas terapeutas los padres de familia encuentren las respuestas para superar los obstáculos, comprender a sus hijos, aumentar la empatía, erradicar la violencia y otros rasgos negativos así como ayudar a los niños y jóvenes a enfrentar contratiempos y superar obstáculos para vivir bien dejando atrás muchos males que aquejan a la familia y a la sociedad.

Doctora Aurora Evangelina Guerra Chiw
http://sites.google.com/site/colegiomijares

ColegioMijaresOficial

SmilingGamesTorreon
mijares.auroraguerra@gmail.com

De Propietario De Negocios Offline a Afiliado Por Internet

Por Wander Durán
newbusinesscorp.net

"Llegar a la meta cuesta, pero una vez que estás en ella, mantenerte es un reto que vale el doble".

Mi nombre es Wander Durán y quiero contarte la historia de cómo empecé en el mundo de los negocios por Internet.

Siempre he escuchado que los padres dicen a sus hijos: "Estudia, consigue un buen trabajo, ten tu familia", lo cual me parece un buen consejo…

Sin embargo, mi padre fue un poco diferente, tanto que él decía: **"No, estudies, estudiar no es importante,** lo fundamental es trabajar".

Tal vez en ese momento no era lo que él realmente quería decirme, pero era su manera de comunicármelo. Mi padre, al igual que mi madre, fueron personas de escasos recursos, que pudieron lograr algún éxito económico, pero con poca educación académica. Quizás esto les imposibilitaba la manera en que querían transmitir sus mensajes o consejos.

Hoy en día entiendo lo que quiso decirme mi padre – ya que a veces las frases tienen un mensaje oculto, que hay que decodificar–. Él jamás me dijo que no debía formarme académicamente, lo que realmente deseaba es que no fuera empleado. En aquel momento no comprendía muy bien su mensaje, pero el tiempo se ha encargado de mostrarme a qué se refería.

Mis padres siempre estuvieron involucrados en el comercio, debido a que siempre tuvieron negocios, es por ello que yo siempre estuve ligado a esa actividad de comprar y vender cosas.

Ejemplo:

En la escuela – de cuarto a octavo grado – vendía lápices, y ciertos accesorios que eran muy demandados por mis compañeros, tanto de mi grado como también de otros cursos. Como yo sabía que no podía estar en todas las aulas, le pagaba una comisión a alguien para que me asistiera en las ventas y los cobros de lo que se vendiera en dicha aula. (En Internet sería algo así como una comisión de afiliado).

Esa fue mi primera actividad empresarial. No obstante, siempre había tenido un reto: **no quería vivir de los negocios familiares** que eran, lo que en nuestro país, República Dominicana, llaman bodegas, almacenes, y en otros sitios colmados o pulperías.

Yo no me veía viviendo de ese tipo de negocio, porque simplemente tenían algo que hasta el día de hoy detesto…
¿A qué me refiero?

A que son negocios en los que, prácticamente, eres un esclavo. Ciertamente ese tipo de establecimiento es muy rentable, consumían aproximadamente entre 16 a 17 horas del día, lo cual para mí era insostenible. No recuerdo cuándo fue la última vez que como familia, llegáramos a cenar juntos un día de Nochebuena, día previo a la Navidad.

¿Qué es Nochebuena?
Es una vigilia que se realiza el 24 de diciembre, para celebrar el nacimiento de Jesús. Esta fecha es muy importante para las familias, pero en especial para los niños, porque pueden ver congregados en un día a todos los seres que más quieren, además que es tradición cenar juntos, abrir regalos, conversar, reír, tomarse fotos, es decir, obtienen en un día, lo que quisieran a diario; lamentablemente mis padres no pudieron estar conmigo esos días…

¿Por qué?

Porque siempre mi padre estaba en los colmados y mi mamá en las tiendas. O sea, siempre era una locura. Por eso continuamente decía: No quiero eso para mí; no obstante a mis deseos y convicciones, seguí haciendo algunos negocios pequeños, otros no tan pequeños, de los cuales más adelante te contaré.

De Dueño y Heredero a Un Simple Empleado

Cuando entré en la secundaria, fui a una escuela especializada de contadores llamada "Liceo Víctor Estrella Liz". Allí me especialicé en Contabilidad, carrera que me apasiona y de la cual me gradué más adelante, pero siempre con la salvedad de que no soy un contador cabeza cuadrada, es decir, que no pierdo dos horas buscando un centavo porque en la práctica eso no es productivo.

Durante mis años de estudio pude conocer muchos amigos, que al día de hoy mantengo, y sí que son muy buenos amigos. Esas relaciones con amigos y profesores de la secundaria fueron el inicio de mi visión como profesional.

Después de mi graduación en la secundaria ingresé a una universidad privada. Porque, aunque me inscribí en la universidad pública de mi país, la cual siempre ha contado con un gran prestigio, opté por otra; ya que siempre había huelgas, tanto de empleados como de profesores, por esa razón me matriculé en una de las mejores universidades privadas y allí me gradué de contador.

Durante todo ese proceso, seguía trabajando en los negocios familiares, porque era lo que había y en lo que, bien o mal, tenía experiencia. Naturalmente, en ese momento mi familia tenía varios colmados, como les comentaba, tenía supermercados, almacenes… Realmente mis padres supieron aprovechar, la parte económica, pero yo no me veía ahí.

Así fue como, faltándome dos cuatrimestres para terminar mi universidad, le dije a mi padre que yo no iba a trabajar con él, que ese tipo de negocio no era lo que yo quería. En ese momento mi familia se puso en mi contra y como era de esperar, también mis padres.

Quizá te estés preguntando...

¿Dónde iba a trabajar si era en el negocio familiar, en lo único que tenía experiencia?

Simplemente tomé un libro de anuncios llamado *Páginas Amarillas* y empecé a buscar un empleo, envié mi hoja de vida (currículum) a cuanto despacho de contabilidad encontraba en el directorio.

No pasó mucho tiempo cuando me ofrecieron un puesto en una pequeña firma que se dedicaba a la contabilidad e impuestos (no auditoria). Me di cuenta entonces que esa era mi alternativa, por lo menos para empezar a despegarme de los negocios familiares, los cuales no quería, básicamente por lo del horario y lo esclavizante que eran.

Por un momento pensé pasar de dueño y heredero, a un simple empleado, pero en mi interior sabía que algo grande iba a ocurrir.

"A veces se gana, a veces se Aprende"

¿Qué gané y qué aprendí?

Gané la independencia que tanto deseaba y sobre todo, aprendí a valerme por mí mismo.

Pero como era de esperar, mi decisión destrozó a mis padres, estuvimos casi un año sin hablarnos. Mi madre estaba muy preocupada, muchos de mis familiares me tildaron de loco, pero el tiempo se encargó de darme la razón.

De Los Errores Se Aprende
Aquí empieza un poco mi historia fuera del lecho familiar. Fuera del radar de mis padres, naturalmente cometí muchos errores.

¿Y quién no los comete?

Empecé organizando fiestas a colegios con agrupaciones musicales nacionales. Eso fue un fracaso, perdí mucho dinero. Así también en un momento me asocié con unos amigos y pusimos un salón de belleza. Allí no nos fue tan mal, pero tampoco nos fue muy bien. Asimismo, con otros amigos empezamos diferentes tipos de negocios que ahora inclusive no recuerdo. Si vienen estos a mi memoria, seguramente es porque me dieron muchos dolores de cabeza.

Seguí trabajando en aquel despacho, conocí a grandes amigos. En la actualidad con varios de ellos, incluyendo a quien era mi jefe, tengo algunos negocios relacionados a las finanzas y los impuestos.

En ese despacho de contabilidad, uno de mis clientes se iba a expandir y necesitaba ya un contador de planta, no un contador externo. Como yo era quien manejaba su cuenta en la oficina, me ofreció el puesto. Digamos que este fue mi primer gran trabajo, era una empresa multinacional, radicada en nuestro país dentro de los parques industriales de zonas francas, dedicada al mundo de la pesca o artículos para la pesca.

Ahí tuve mi primer gran reto profesional de envergadura, porque fui el contador general de esta empresa. Duré unos tres o cuatro años e incluso estuve a punto de convertirme en el gerente general, pero por ciertos temas que ahora no vienen mucho al caso, no fue así.

Guardo muchos recuerdos bonitos, ya que fueron bastantes experiencias. Recuerdo nombres muy especiales que no quiero dejar de mencionar, como el de Alejandra Pellerano que era la gerente, Mike Rodríguez que era el gerente de la misma compañía en la filial de Miami. Fueron personas que me apoyaron y aportaron mucho a mi formación como ser humano y persona de negocios.

Después trabajé en una empresa local que se dedicaba a la construcción de casinos, empecé en 2005 aproximadamente, La empresa recién estaba empezando y buscaban a alguien para que les ayudara a organizar toda su estructura financiera y comercial.

¿Y qué creen?

Con apenas 26 años me dieron el cargo de contralor general de este grupo empresarial. Empecé a recorrer todo el país conociendo las diferentes obras, clientes, suplidores, etc.

No te niego que había días que me desmayaba, en repetidas ocasiones pensé que el reto era demasiado grande, mucha información y tenía una gran cantidad de personas a mi cargo. Solo el departamento de contabilidad y todos los encargados en diferentes oficinas, eran alrededor de 15 o 20 personas, y yo era el número 3 en la jerarquía de la compañía. Creí que era un reto inmenso, pero digamos que, gracias a mi actitud, capacidad y perseverancia, pude desempeñar muy bien el cargo.

Duré unos cuatro años. Este fue mi último trabajo formal como empleado. Actualmente los dueños y yo seguimos siendo socios en otro tipo de negocios, básicamente en el tema de la construcción, donde yo me encargo de manejar alguna parte administrativa con una participación en los beneficios de la empresa.

La Independencia Que Soñé

A partir de ahí me inserté 100 por ciento en el área consultoría, en la que tengo ocho años trabajando de forma independiente. La ejercía de forma parcial, cuando era empleado. En mi país soy un consultor especialista en el área de finanzas y, asimismo, en el de impuestos.

El año pasado, 2014, hice una página Web, para brindar servicios al mercado local, en lo que respecta a mi área: impuestos y finanzas a los pequeños y medianos negocios (PYMES).

Puedes visitar una de mis páginas: newbusinesscorp.net

Pero a todo esto ¿qué pasa?

Todo ese mundo no me satisfacía totalmente, pero gracias a Dios y nuestro esfuerzo hemos podido posicionar un nombre en ese mercado de consultoría financiera. Inclusive somos el miembro más joven de una institución que aglomera a los consultores impositivos o los consultores fiscales más especializados de nuestro país (CONACI). A ese círculo se entra por recomendación, y yo soy miembro de él.

A pesar todo esto, sentía que había algo más que me faltaba, que tenía que buscar, pero no sabía qué era. En la parte de consultor independiente me iba bastante bien, los clientes iban creciendo, la facturación era estable, pero seguía buscando algo. Así que a finales de 2013 me matriculé en una escuela de negocios en mi país, llamada Barna Business School (http://www.barna.edu.do) y tomé un curso de valoración a la empresa, y durante el desarrollo del mismo, conocí a dos profesores argentinos excelentes, que desglosaban tan bien el tema, que me empecé a apasionar al instante. Actualmente tenemos una alianza de trabajo con uno de esos profesores y hemos facturado varios trabajos.

Concomitantemente con este curso, que era de solo dos semanas, estaba desarrollando una maestría en finanzas en la Universidad APEC, donde me gradué. La verdad es que allí dije: "Lo que he visto en dos semanas es casi lo que he estado aprendiendo en este año y medio que tengo cursando la maestría", y se lo conté a mis compañeros.

Al final ahí me di cuenta de que, en el área de la contabilidad y las finanzas, mi línea iba a ser las finanzas especializadas, ya que el tema de la valoración de empresas y ayudar a optimizar los procesos, era lo que realmente me apasionaba.

Así que ahí seguí desarrollándome, tomé un curso de especialización en finanzas en la misma escuela: Barna. Luego me matriculé en la escuela INCAE de Costa Rica, Nicaragua y Perú (http://www.incae.edu) donde hice varios programas de finanzas. Asimismo realicé una especialización en finanzas en el Instituto Tecnológico de Monterrey (http://www.itesm.mx/) filial Santo Domingo.

Así que he ido reuniendo un currículum bastante amplio e interesante. Aún teniendo todo este *background*, me faltaba algo, porque yo no quería ser empleado y menos de mí mismo, ya que todo esto te lleva a convertirte en autoempleado y ese no era mi anhelo.

Lo Que Realmente Me Apasiona

Navegando en Internet, encontré a tres personas que he considerado mis amigos: Javier Hernández, Luis Eduardo Barón y Álvaro Mendoza.

De Javier Hernández he aprendido a incursionar en el mundo de las inversiones en la bolsa de valores de New York. Este tema siempre había estado en mi mente y fue del que hablé en mi trabajo de grado cuando me iba a licenciar en contabilidad. Sin embargo, en mi país, como en el resto de Latinoamérica, es un tema muy limitado para hacer negocios. Esta ha sido una experiencia increíble y excitante, puesto que para ganar dinero solo necesitas Internet, sin importar el lugar donde estés.

Con Luis Eduardo Barón y Álvaro Mendoza tomé el curso de Celebridad Instantánea, y aquí es donde empieza mi otra pasión, en la cual la Internet es la protagonista. Al profundizar con los conocimientos de estas personas me di cuenta de que esto era exactamente lo que andaba buscando, esta es la parte que necesito integrar a mi vida: **la Internet, el vivir de la Internet.**

Esto es lo que he estado haciendo desde mediados de 2014, aprendiendo, capacitándome, haciendo pruebas, tests. Es un mundo emocionante, que me apasiona tanto, que quiero convertirme en un referente dentro del *marketing* de afiliados en Internet. Eso es lo que deseo hacer: *Marketing* de Afiliados.

Realmente esta plataforma ha sido bastante amplia. Son muchos conocimientos, demasiado tiempo y varias horas sentado frente al computador, revisando diversa información, pero la verdad es que cada minuto ha valido la pena.

Actualmente estoy haciendo varias campañas en Facebook, tengo varios mercados.

Ejemplo:

Nicho de las relaciones: https://www.facebook.com/seduceatumujer

Nicho de la capacitación: https://www.facebook.com/pages/SerIntegral-
Coaching-Training/1387358681574575?fref=ts

¿Y qué crees?

Ya he empezado a ver algunos frutos.

Todavía no he llegado a donde quiero estar, pero este es el inicio. Lo que busco transmitir con estas palabras es que veas mi historia. Alguien de un país tercermundista como República Dominicana, salió al mundo y quiso conquistarlo a través de Internet. **Y lo estoy haciendo.**

Ahora, lo importante es que esto no se hace solo ni a ciegas. Se necesita tiempo, actitud, capacitación, creer en ti mismo, creer en los demás y ganas de salir adelante.

La verdad es que lo que más me gusta de esto de la Internet, es la flexibilidad que puedes tener en cuanto a los lugares de trabajo. Puedo trabajar desde una plaza comercial, un café o mi casa. A veces hasta desde el carro, he estado parado en un semáforo hablado por Skype, teniendo una reunión mientras voy conduciendo.

Esto es increíble. No estamos atados a un jefe necesariamente porque **nuestro jefe son nuestros sueños**, nuestras metas y son por ellas que nos levantamos cada día.
Con mi historia no quiero inducirte a que renuncies a tu empleo, porque al ser humano por naturaleza no le gustan los riesgos, le

agrada la seguridad. Sin embargo, si quiero mostrarte que como yo, una persona común y corriente, buscó y no se detuvo hasta conseguir eso que su corazón le decía que encontraría. No todos nacimos para ser líderes, pero sí todos podemos conseguir nuestro sueño.

Todavía hay puntos en los que puedo tener mayor éxito, eso es lo que me encanta de la Internet, porque cuando crees que lo tienes todo, siempre aparece algo más, otro reto o meta.

¿Y qué crees?

¡Esto recién comienza!

El Juego Inteligente De La Empresa
El Desafío del Emprendedor

Por Javier M. Varela
www.eljuegointeligentedelaempresa.com

Mis primeros pasos como emprendedor

Mi sueño, desde muy niño siempre fue emprender, me gustaban los retos, soñaba con hacer algo grande, mi madre me decía "sé alguien", y yo lo entendía así.

Somos tres hermanos; mi hermano mayor era un estudiante excelente, de hecho terminó la carrera, como número dos de España, siempre lo ponían como ejemplo, siempre fue el más disciplinado de los tres.

Mi hermano pequeño era buen estudiante.

Yo, el del medio, era un estudiante no tan bueno, me costaba estudiar. Era más inquieto que mis hermanos, prefería estar en la calle, observar el mundo desde fuera. De hecho, mi primer negocio se me ocurrió estando en la calle y ver a una señora mayor salir de una carbonería con su bolsa de carbón, ofrecerme a ayudarla a llevarle la bolsa hasta su casa y recibir por eso unas monedas en agradecimiento por el servicio. Yo tenía siete años entonces y me gustaba ayudar a las personas, tener mi propio dinero, sentir las monedas en el bolsillo, así que hablé con el dueño de la carbonería y le propuse llevar las bolsas de carbón a domicilio a los clientes por unas monedas... ¡Fue la primera pequeña carbonería en mi barrio con servicio

125

de entrega a domicilio! Ahí empezó mi gusto por emprender.

Mi segunda incursión en el mundo de los negocios fue a los catorce años. Yo tenía entonces dos amigos mayores que ya trabajaban, uno de ellos comentó que su hermano mayor había vuelto a casa de sus padres y que tenía intención de montar un negocio: iba a fabricar balones y los vendería durante la campaña de Navidad. Le faltaba dinero para comenzar y pregunté cuánto necesitaba, para qué y qué beneficios podía dar aquello. Nos reunimos los cuatro y nos explicó todo; la cantidad que precisaba para materiales y para comprar un coche usado para llevar los balones, se amortizaría todo en la primera campaña y podría devolver el dinero aportado y nos daría un beneficio sobre el 20 por ciento.

Yo no tenía dinero solo la paga que recibía cada semana, que era muy poco, así que pensé que tenía que hacer algo. Uno de mis amigos trabajaba en un almacén de maderas descargando camiones. Le pedí que me presentase a su jefe para ofrecerme a trabajar haciendo lo mismo pero me dijo que estaba muy delgado y que él contrataba a gente fuerte. Le dije, tú preséntamelo y dame tu apoyo cuando te lo pida.

Quedamos un viernes por la tarde a la salida del colegio, deje la cartera en casa, merendé, y me fui al almacén para hablar. Cuando llegué me encontré a un hombre mayor y a su hijo de mediana edad, estaban en la oficina trabajando.
-Deseo ayudaros a descargar el camión que viene este sábado- dije.

Se quedaron muy parados mirándome y el hijo me contestó que ya tenían gente para eso y que además yo era un niño y me podía lastimar. No creían que yo fuera capaz de terminar de descargar el camión. Les pedí que me dieran la oportunidad de demostrar que sí.

Si me voy sin haber terminado no cobro nada. Solo cobraré si termino como todos y créanme que lo haré, no se arrepentirán. Les dije.

Se miraron los dos y el padre me dijo:
Ningún chaval ha venido a pedirnos trabajo como lo has hecho tú, sé que estás estudiando y que algún motivo importante debes de tener para hacerlo. Tienes tu oportunidad, cada sábado tenemos un camión. El sábado a las 7.30 horas empezamos la descarga.

Allí estaba yo a las 7.15 horas esperando. A las 7.30 empezamos, a las 10 habría un descanso de media hora para desayunar. Todos estaban pendientes de mí, nadie apostaba porque llegara al desayuno, pero llegué. A medida que pasaba la mañana me iba notando más cansado, notaba como iba perdiendo fuerzas pero me repetía –Tú puedes, tú puedes…sigue, piensa solo en lo que queda... ¡lo voy a conseguir!–.

Empecé a tararear una canción que me gustaba y el tiempo fue pasando hasta terminar.
Eres un campeón, ninguno creíamos que lo harías hasta el final excepto tu amigo que nos dijo que terminarías lo que habías empezado, costase lo que costase.
Estuve diez semanas más hasta que tuve todo el dinero que necesitaba.

Al final pusimos en marcha el negocio de los balones, pero el que hizo el negocio fue el hermano mayor de mi amigo que se llevó las ganancias y el coche. Nunca más supe de él.

De aquello aprendí mucho, entre otras cosas, que unas veces se gana y otras se pierde y lo que importa es el camino, la ilusión que pones hasta llegar. Disfruté mucho siendo partícipe de un negocio y me ilusioné mientras trabajaba para conseguirlo.

Este negocio no ha salido, haré otros y conseguiré tener mi propio negocio. Estaba decidido, quiero aprender, formarme, conocer a los grandes y aprender de ellos.

Con diecisiete años, asistí a un seminario de Rafael Torres Padial experto en publicidad, un español afincado en Estados Unidos, creador de famosas campañas publicitarias aún hoy recordadas como la de Coca-cola "La chispa de la Vida" o la de Cola Cao "Yo soy aquel negrito…"

El recinto donde se celebraba estaba repleto de público, yo era el más joven de todos.
Me encantó como se expresaba, como se dirigía a nosotros, la energía que transmitía.
Ese día fue muy importante. Me dio una nueva visión de lo que yo quería hacer.
A partir de ahí empezó mi andadura profesional por diferentes empresas.

Trabajé como vendedor de libros puerta a puerta. Esto me fue muy bien, con mis primeros ingresos me compré una moto grande.
Después trabajé en una empresa de automatismos. Viajé mucho. En Asturias conocí a un judío que invirtió en el negocio. Trabajamos juntos y ganamos mucho dinero. Por motivos personales lo tuve que dejar.

Pasé después a trabajar en una multinacional del sector de la parafarmacia como Delegado de Ventas. Mi objetivo era aumentar ventas y beneficios. En menos de 90 días reestructuré la delegación, reduciendo personal y desarrollando una nueva forma de vender. Aumentamos ventas y beneficios más de un 20 por ciento. Me iba muy bien y mi trabajo estaba siendo reconocido. Pero ese no era mi sueño. Yo quería tener mi propia empresa.

Dejé la multinacional y creé mi propia empresa para la distribución de productos de parafarmacia. Me asocié con dos personas que me llevaban más de treinta años y que conocían muy bien el sector. Aprendí mucho de ellas, pero tenían otra forma de trabajar diferente a la mía. Al final, disolvimos la sociedad de forma amistosa.

Después de esto monté una empresa de maquinaria y materiales para empresas que llegó a ser un referente en el sector, llegué a abrir varias delegaciones en España. Compré otras empresas del sector.

Cuando iba al banco me decían D. Javier, mi firma era dinero, era increíble. Mi precipitación me llevó a hacer inversiones no adecuadas, a no calcular los riesgos, a no controlar adecuadamente. Yo tenía entonces 28 años.

Tenía un equipo increíble, aunque algunos me pusieron en pequeños aprietos, se fueron dos de los jefes de ventas y uno de los técnicos, y se pusieron por su cuenta.

El mes siguiente habíamos superado la cifra de negocios, con menos personal pero unidos por una causa noble de la empresa. Mi equipo era único, solo había predisposición.

Pero llegó la crisis del 92; Impagados por un lado, Bancos cerrando el crédito… El 90 por ciento que se vendía era a crédito.
La empresa se terminó vendiendo.

Ahí empecé a pensar en realizar un nuevo cambio.

Toda mi experiencia me tenía que servir para algo. Podría ayudar a personas y empresas a resolver problemas de crisis.

Dando soluciones

Hace más de 15 años puse en marcha una Consultoría Empresarial de Servicios Financieros.

La pregunta clave:

¿Cómo puedo atender las necesidades del cliente?

Nos dedicamos a resolver y reestructurar deudas con terceros, mediante un diagnóstico de situación, un plan de viabilidad y una proyección financiera.

Hacemos una negociación individualizada para cada situación.

Resolvemos situaciones con organismos oficiales, proveedores, clientes y entidades financieras.

Damos viabilidad a un gran número de proyectos.

Trabajamos de forma totalmente personalizada, cada proyecto y cada asunto.

Cada expediente es totalmente distinto.

Actualmente estamos reinventando la nueva forma de hacer Consultoría en un Despacho Inteligente.

· Expertos en transformación Empresarial.

· Diagnóstico y planes de acción para su empresa/negocio.

· Negociación.

· Compra venta de empresas.

· Análisis de cada área de la empresa para la toma inteligente de decisiones.

· Resolución de conflictos empresariales.

· Facilitamos las decisiones inteligente mediante un análisis en cada área de la

· Mediación.

El aprendizaje de mis experiencias

Desde muy pequeño las artes marciales han formado parte de mi vida, han sido una gran ayuda para mi desarrollo personal, han conseguido que con su conocimiento, aprendizaje y meditación, pueda hoy en día tener una gran fuerza interior y seguridad, que me facilita expresar aquello que quiero transmitir, a la vez que me ayuda a escucharte, conocer a mis interlocutores, gracias a las enseñanzas de los mejores maestros de artes marciales, en Judo, Karate y Ninjutsu entre los que más me han impresionado han sido:

Yamashita. Escuela Goju Ryu. Máximo representante en Europa.

Yasunari Ishimi. Escuela Shito Ryu. Cinturón Rojo, 10 Dan.

Masaaki Hatsumi. Maestro Ninja. Máximo exponente en el mundo. Vive en Japón. Me encantaron sus movimientos, su actitud y filosofía. *"Un guerrero no está vencido hasta que no está muerto".*

Mis experiencias en el mundo empresarial como emprendedor y como asalariado, me han enseñado, entre otras cosas, a identificar tres claros indicadores del fracaso de una empresa según el perfil de tres tipos de individuos.

El primero, aquel que se cree indispensable, que piensa que la empresa estaría perdida si él se marchase de ella. Cree que sus cualidades, conocimientos y su experiencia son indispensables.

Una vez la persona llega a esa conclusión tanto la empresa como el empleado se hallan en peligro porque cuando la persona se pregunta cómo la empresa podrá seguir sin él, los problemas están a la vuelta de la esquina.

Esa persona ya no intentará mejorar, desarrollarse ni buscar nuevos desafíos porque en este momento ya lo tiene todo hecho, esto ya no puede funcionar sin él.

El segundo, el que se cree diferente y quiere inventar lo ya inventado y malgasta todos sus esfuerzos en ello. Decía un artículo publicado en Harvard Business Review al respecto que:
"Los perdedores filosofan: "somos diferentes" y vacían sus energías intentando volver a inventar la rueda. Inversamente, los individuos que tienen éxito, sobresalen y prosperan en los negocios. Reconocen que pueden aprender mucho de los éxitos, fracasos y experiencias de los demás... ¡y lo hacen!"

Y el tercero y último el que afirma que lo hace lo mejor que puede, otro indicador seguro de un perdedor. Dicha afirmación indica su falta de deseo y motivación para conseguir el éxito, sobresalir y prosperar. Estos individuos desean permanecer inmovilizados en el nivel de comodidad y lucharán por permanecer en ese estado resistiéndose a hacer el cambio cuando se enfrenten a los constantes desafíos de exigencia de la empresa.

"El mundo empresarial es puro darwinismo. Solo sobreviven los mejores adaptados".
Robert Holmes – Bell Group International.

Hay que estar siempre abierto a los cambios, adaptarse a ellos y ganar.
Los individuos que se resisten al cambio, no pueden ser entrenados y no consiguen el éxito, generalmente.

Los cambios se producen continuamente, unos son provocados por nosotros y otros ocurren aunque nosotros no participemos en ellos y en algunos casos muy a pesar nuestro, pues preferiríamos que no ocurrieran. Nada se queda estático, siempre hay que buscar la mejora del día a día, seguir mejorando.

Todo cambia a nuestro alrededor a una velocidad de vértigo, algunas veces no nos damos cuenta.

Fíjate en algunas calles por donde transitamos, cómo han cambiado su aspecto, el de sus negocios, donde antes había un banco ahora hay un restaurante, una tienda, etc.

El mundo seguirá a un ritmo cada vez más acelerado y seguirá ocurriendo cuando nosotros no estemos.

Es una de las leyes universales que siguen funcionado, nos guste o no.

El ser humano es adaptable por naturaleza, aunque unos más que otros. Tenemos que adaptarnos para sobrevivir y crecer.

En el mundo de la empresa es lo mismo. Estar atentos a los cambios, adaptarnos a ellos. Nuestra empresa puede ser número uno o simplemente desaparecer al cabo de poco tiempo, barrida por nuestra competencia y nuestra ineficacia.

El mundo empresarial es muy cambiante, agresivo y depende de muchos factores.
Económico
Clientes
Proveedores
Competencia
Trabajadores
Gobierno.

Si la competencia abre un nuevo negocio con un precio menor.

¿Qué hacer?
¿Revisar precios?
¿Revisar procedimientos?
¿Revisar atención al Cliente?

Primero - No retrasar los cambios. Siempre que el cambio beneficie a la empresa, actuar, sin importar lo desagradable que sea el impacto que cause en mis compañeros y empleados, porque al final el beneficio será para todos, si la empresa va bien, sus empleados estarán bien.

Segundo - Dejar muy claro dónde radica el problema, ser intransigente si no hay otro remedio antes que ser condescendiente y permitir que una mala situación empeore.

Tercero - Fomentar la comunicación.

Cuarto - Reconocer los problemas y los riesgos lo antes posible.

Quinto - No tener miedo a cambiar de dirección.

Sexto - Tener un plan de contingencia para responder de forma rápida y efectiva.

Séptimo - Imprescindible supervisar constantemente los resultados, discutirlos y utilizarlos para tomar las medidas oportunas lo antes posible.

Trabajo duro y crecimiento
El desafío estimula, motiva, y debe crear un entorno en el trabajo que conduce a una mejora y un avance de la empresa.
Sin desafío, la civilización romana se desmoronó.
Sin desafíos los matrimonios se deshacen.

Durante más de 35 años siempre he tenido desafíos en todas las áreas de la vida.

Hoy sigo teniendo desafíos muy importantes.

Me he dado cuenta, que en las distintas etapas de mi vida había ido perdiendo mi entusiasmo.

Los desafíos no dejan lugar al aburrimiento, la insatisfacción o las quejas.

Contemplo mi propio trabajo como un desafío.

Primero; Desarrollo un plan.

Pienso en los tipos de información y retroalimentación que sean útiles para mi situación. Estudio los comentarios de los profesionales y empleados detallados en informes.

La continuidad del Desafío
Agudizó mis habilidades

Me desafío a mí mismo a agudizar mis habilidades.

No importa lo que produje el año pasado.

Para mí ¡El Desafío es Mejorar!

Como hay otros que persiguen los mismos objetivos que yo, trabajo duro. La productividad es la clave.

Utilizo lo mejor de mis habilidades, talento y estilo para prosperar.

Me aseguro que cada profesional y empleado innove de una forma consciente.

Innovar

Las preguntas que se hacen los innovadores son:

¿Cómo puedo hacer mejor este trabajo?

¿Qué sistemas puedo ejecutar para mejorar los resultados?

¿Qué viejas ideas puedo intentar con un nuevo enfoque?

Aprender toda la actividad de la empresa

¿Cómo me relaciono con personas de otras áreas de la empresa más allá de las rápidas conversaciones en las reuniones?

Cada uno de los componentes de la empresa debe conocer la actividad de la empresa (socios, colaboradores, empleados, profesionales)

Ejecutar
La ejecución combinada con el conocimiento es la fuerza de un Líder.

La mayoría de los profesionales poseen conocimientos suficientes para hacer sus trabajos.

No todos poseen la habilidad, compromiso de utilizar y ejecutar esa experiencia para generar los resultados esperados. Elijo el campo que me gusta.

Evitar quedarse encallado
Hay personas que se dan cuenta de que se están estancando en su campo, simplemente no saben cómo salir de él.

No sentirse satisfecho en tu campo afecta tu actitud y se refleja en la actuación.

Agarro las oportunidades
Cuando capto una oportunidad la agarro y arriesgo.

Si no se arriesga nada, nada se gana.

Equilibrio de vida
El desafío es tener un equilibrio en todos los aspectos de mi vida.

Mi pasión
"Haga lo que le gusta hacer y no trabajará un solo día más en su vida".

Lo que más me apasiona es divertirme en el trabajo, muchas veces lo consigo y otras, cuando hago lo que menos me gusta, no. Pero hay que hacerlo.

Yo te recomiendo que lo veas de otro modo; que te impliques en el trabajo y que analices las opciones para mejorarlo. Porque así te sentirás muchísimo mejor.

Es posible que te sientas atrapado pero quejarse de tu trabajo o tu negocio actual no lo va a solucionar. Te lo digo porque he pasado por las diversas etapas como emprendedor, asalariado, empresario y consultor.

Lo importante es divertirte en el trabajo, porque así no parecerá trabajo, lo veremos desde otra perspectiva que nos hace evolucionar positivamente, mejora nuestra autoestima y la calidad de lo que hacemos.

Yo me divierto cuando estoy aportando soluciones, me gustan los retos de buscar   alternativas al problema que haya en ese momento.

Por ejemplo cuando el problema es de financiación, conflictos con proveedores, clientes, socios, etc.
Hay que aportar diferentes opciones para la toma de decisiones.
Y lo primero que hemos de hacer es analizar para qué sirve nuestro trabajo.
¿A quién beneficiamos con él?
¿Qué ocurriría si no lo hiciéramos y nadie lo hiciera en nuestro lugar?
Para mí, contribuir en algo es sentirme muy bien.

Asumir Retos
Hay un proverbio oriental que dice que los troncos apilados durante muchas lunas pueden arder en una sola noche.
Yo no he llegado al final, aunque haya superado muchos retos hasta el día de hoy, siempre me quedarán otros.

Los retos de mi trabajo están siempre enfocados a mejorarlo.
Eficacia para poder perdurar y competir.
Procesos y los Indicadores, sin indicadores y enfoque en los procesos no es posible gestionar de forma óptima.
Retención y Fidelización del talento, sin ellos se estanca.
Satisfacción del Cliente objetivo obligatorio.
Invertir en tecnologías de la información es el camino más rápido para conseguir ventajas competitivas.
Gestión del conocimiento es una de las mejores inversiones.
Crecimiento es un objetivo estratégico.
Calidad, apoyarse en sistemas de calidad.
Anticipación y la Innovación a los cambios del entorno y del mercado es un valor diferencial.
Responsabilidad Social, el respeto y el compromiso.
Mejorar la posición de la empresa /Consultoría.
Mejorar la calidad del producto / Servicio.
Mejorar la atención telefónica.
Mejorar la imagen corporativa.
Mejorar la forma de comunicarme con el equipo.
Mejorar nuestro conocimiento.

Para ello creo que lo mejor es la mejora del día a día.
En la cultura japonesa existe la filosofía del *Kaizen* (Kai=cambio, Zen=bueno) que se basa en esta mejora.

Según el *Kaizen* no debe pasar un solo día sin que al menos hayamos conseguido un cambio bueno.

La calidad de las empresas se ve siempre desde esa perspectiva. El cambio no tiene que ser un gran avance, puede ser un simple detalle, como por ejemplo, no imprimir los *e-mails* que no sean necesarios.
Con ello ganamos tiempo, ahorramos papel y contribuimos con el medio ambiente.

Hemos de tener la mente abierta para detectar esas pequeñas mejoras diarias.

Las mejoras están ahí esperando que las veamos y las pongamos en práctica.

Por eso creo en la importancia de aplicar esta filosofía en la empresa.

Yo en este momento con la nueva reestructuración de la Consultoría, la estoy implantando y me ha hecho mejorar constantemente.

La filosofía del *Kaizen* se divide en cinco puntos:

Seiri. Saber diferenciar entre los elementos necesarios de los que no lo son. Saber separar lo innecesario para así poder eliminarlo o erradicarlo.

Un método utilizado en muchas empresas japonesas para mantener limpio y despejado el entorno de trabajo es el de retirar cualquier cosa que no se vaya a utilizar en los próximos 30 días.

Seiton. Ordenar todo lo que queda después del *Seire*. Es decir, después de haber guardado todo lo que no nos hará falta en menos de 30 días, disponerlo de forma ordenada para minimizar los tiempos de búsqueda posteriores.

Sesio. Su significado es el de limpiar el entorno de trabajo, incluidas mesas, ordenadores, expedientes etc. A la vez que se limpia, se revisa, lo cual hace que se detecten futuros problemas antes de que aparezcan.

Seiketsu. Su significado es el de mantener la limpieza de la propia persona, de sus accesorios, y mantener el entorno totalmente limpio aplicando primero los otros tres puntos del *Kaizen*.

Shisuke. Es la base autodisciplinar para formar hábitos necesarios de manera que los otros puntos del *Kaizen* los hagamos de forma, prácticamente cada día.

Debemos marcarnos metas y planificarnos para llegar a ellas. Nosotros somos importantes en la empresa, seamos propietarios, directivos, profesionales, colaboradores o empleados.

No Olvidar, Tú eres Importante en Tu Empresa.

La calidad total es una meta que toda empresa debería tener, aunque por definición sea inalcanzable.

Para mí la calidad ha sido siempre algo fundamental que creo debería ser el motor de cualquier empresa.

El Juego Inteligente De La Empresa

Te has hecho alguna vez esta pregunta: ¿Mi negocio me manda a mí?
Si tienes un negocio, en más de una ocasión habrás pensado,
No siento que mando en mi negocio.
Siento que mi negocio manda en mí.

Piensa en un deporte, si no puedes leer el panel de resultados y no sabes el resultado, no podrás diferenciar al ganador del perdedor, y eso es uno de los principales problemas de los emprendedores/ empresarios / dueños de negocio.
No pueden hablar el lenguaje porque no lo conocen.
No pueden leer el panel de resultados.
Imagina que vas a viajar en avión, vas por la pasarela para entrar en el avión y justo cuando entras ves al piloto en la cabina delante del panel de control y lo oyes decir:

¡Por Dios, cuántos botones!

¿Qué sensación tendrías? ¿Qué harías? Probablemente ¡salir de allí corriendo!

No querrías viajar con alguien que no sabe cómo funcionan los controles del aparato.

Muchos emprendedores /empresarios / dueños de negocios, no pueden o no saben leer los indicadores, no saben si están a la altura adecuada o si se van a quedar sin gasolina a mitad del camino.

Por eso muchos emprendedores/ empresas / dueños de negocios, fracasan.

Mis Logros

He tenido la oportunidad de sentir lo que es emprender, lo que son las decepciones, los fracasos pero también he saboreado lo que es el éxito.

He trabajado en lo que he querido, también lo he dejado cuando yo lo he decidido.

He arriesgado y, unas veces he perdido y otras he ganado. Pero lo más importante es que todo esto me ha enseñado a estar preparado para el cambio, que es la evolución de las personas, me ha permitido sobrevivir en diferentes etapas de mi vida y llenarme de conocimientos.

He estudiado, he dejado de estudiar, he vuelto…en definitiva, he terminado lo que en su momento quería hacer.

He asistido y sigo asistiendo a conferencias, cursos, talleres y seminarios de diferentes actividades con los mejores ponentes. Siempre en continua formación, siempre buscando la senda del conocimiento, que me ayude a tomar mejores decisiones.

Esa ha sido mi decisión y disfruto con ello, me fortalezco y lo más importante, me siento muy bien.

Disfruto ayudando a emprendedores, empresarios y dueños de negocios a identificar y corregir actividades que sabotean sus resultados financieros. Dicho de otro modo lo que gastas tiene muy poco que ver con lo que ganas y todo que ver con lo que te quedas. En definitiva, disfruto con mi trabajo.

La principal satisfacción que tengo en el desarrollo de mi trabajo es haber conseguido con constancia y esfuerzo que aquellas empresas que me han requerido porque tenían una situación difícil, en algunos casos al límite de su subsistencia, hoy en día muchas de ellas se encuentren con estabilidad y viabilidad en su negocio y con un futuro esperanzador. Bien es cierto que para llegar a estos resultados se requiere mucho esfuerzo, no solo por los dirigentes de la empresa, también para los integrantes de la plantilla porque sin su colaboración hubiera sido muy difícil de conseguir el objetivo final que es sacar el negocio a flote. Cuando se ha conseguido estabilizar el negocio, parar su caída y superar la dificultad, ver la tranquilidad que reflejan las personas implicadas, es la mayor recompensa que puedo obtener.

Una Empresa es:
Una organización.
Es una unidad, Económica, Financiera, Social y Jurídica.
Compuesta por:
Clientes + Producto / Servicio + Dirección.
Que mediante, Dirección, Información, Planificación, Organización y Control, Combina:
Información, Personal, Equipos, Materias Primas, Dinero.
Para transformarlos en:
Producción, Producto / Servicio, Información, Dinero.

Mis Pensamientos

Tengo un sueño en mi mente.

Sé que es posible.

Algunos lo saben.

Yo sé que es difícil.

Que no es fácil.

Que es muy difícil cambiar de vida.

Sé que en el proceso de trabajar por mis sueños

Voy a caer en muchas decepciones

Mucho dolor

Habrá momentos en los que dude de mí mismo

Y me preguntaré:

¿Por qué me pasa esto a mí?

Aun con todos esos momentos muy duros

¡No Me Rindo En Lograr Mi Sueño!

Los tiempos difíciles van a venir, pero no han venido para quedarse, han venido para pasar.

Lo importante es que creo en mí.

Sigo creciendo, sigo trabajando, sigo empujándome a mí mismo.

Ya sé que hay gente que le gusta quejarse y no hacen nada por su situación.

Y mucha gente no trabaja en sus sueños, ¿por qué?

Unos por miedo al fracaso y otros por miedo al éxito.

Además no toman ningún riesgo.

Mi reto es pasar más tiempo conmigo mismo.

Me saco todos los perdedores de mi vida para vivir mi sueño.

Sé que no todos se unirán a mi, no todos tiene mi visión.

Mi reto es alinearme con gente y atraer a mi negocio gente, que tiene hambre y conocimiento.

Gente que es imparable.

La gente que vive sus sueños son ganadores a los que me uno.

Los que vivimos nuestros sueños lo sabemos.

Que lo que suceda, depende de nosotros.

Quiero tener más éxito.

Sí quiero tener y hacer más cosas que nunca he hecho antes.

Invierto en mí mismo.

La opinión de alguien, no es mi realidad.

Cuando me enfrento a decepciones, sé dentro de mí.

Que lo puedo hacer, aunque los demás no lo vean.

¡Yo Lo Veo Por Mí Mismo!

Esto es lo que creo y estoy dispuesto a ir hasta el final.

No importa lo malo que sea o lo malo que se ponga, ¡YO VOY A LOGRARLO!

Los tiempos difíciles van a venir, pero no han venido para quedarse, vienen de paso.

JAVIER M. VARELA

Emprendedor

Economista

Negociador

Mediador Concursal

Consultor de Empresas

Experto en soluciones empresariales

Experto en compra venta de empresas

Facilitador para la toma de decisiones inteligentes

Experto en el juego inteligente de la empresa.

info@javiermvarela.com

ecojv1@gmail.com

www.eljuegointeligentedelaempresa.com

Crea, Vende Y Cumple Tus Sueños

Por Daniel Sánchez Ayala (Dr. Brand)
www.creatumarcadeexito.com

"Si tienes un sueño y crees en él, corres el riesgo de que se convierta en realidad". Walt Disney.

Mi nombre es Daniel Sánchez Ayala. Nací en Girona (España); me crié en un barrio obrero de clase media llamado Puente Mayor. Siempre soñé con crear marcas y llevar empresas a lo más grande. Con solo 8 años ya me fijaba en las grandes marcas como Coca-Cola, Nintendo, Ferrari o Miko (famosa marca de helados en España) y muchas más, que llenaban mi vida de ilusiones.

Mis padres, grandes luchadores y trabajadores de sol a sol, me enseñaron a luchar por mis sueños para poder hacerlos realidad; me decían que era joven y muy listo para poder llegar a lo más grande. Mi padre trabajaba como repartidor de mercancías con una pequeña furgoneta y mi madre en un centro penitenciario, limpiando las oficinas.

Ellos siempre han luchado por proporcionarnos una buena salud, darnos buenos estudios y que nunca nos faltara nada; han sido siempre mis superhéroes: nunca han tenido poderes, ni más fuerza que otra persona, pero lo cierto es que cada día se levantaban muy temprano para poder ir a trabajar y poder regalarnos la vida que ahora tenemos toda mi familia. Estos son mis padres.

Las personas exitosas o los grandes empresarios ¿Nacen o se hacen?
Desde muy pequeño ya tenía claro que quería ser un empresario

de éxito, pero, al llegar la adolescencia empezaron las dudas: ¿Estudio bachillerato o formación Profesional?, ¿dónde te enseñan a ganar dinero y crear tus sueños? Más adelante, fui a la Universidad y comencé la carrera de Psicología; pero, pasado un mes, me di cuenta de que mis sueños no iban por ese camino y dejé la universidad.

Me encontré en una situación muy extraña: sin estudios, sin experiencia laboral o profesional y sin dinero. Por entonces comencé a trabajar en una empresa de papel adhesivo, en el departamento de expediciones; mi jornada laboral consistía en preparar bobinas gigantes, paletearlas y cargarlas en los camiones para llegar a su destino. Trabajaba mucho, en turnos de 12 horas, día y noche, no tenía libre ni los fines de semana; todos los días eran iguales y yo no quería ese futuro. No me gustaba nada en absoluto y, para frenar mi tensión, me apunté a practicar *Kick-Boxing* y Boxeo Tailandés; me encantaba liberar ese dolor de no poder crear mis sueños.

Al llegar el verano, cogí mi coche y me fui a Cádiz (Andalucía). Allí me quedé maravillado con sus playas, su clima y la alegría de la gente: ¡aquello era el paraíso! Decidí quedarme y vivir en un piso de la familia con un tío mío, dos años mayor que yo. Pero, de nuevo, me encontraba sin trabajo y sin dinero; empecé a trabajar en la plancha de un McDonald's, preparando hamburguesas.

Recuerdo que me encantaba leer a grandes empresarios que de la nada creaban sus marcas, como Steve Jobs, Bill Gates, Walt Disney o Henry Ford. Me sentía muy identificado con ellos, pues todos tenían grandes sueños y pocos recursos, y decidí pasar a la acción.

Fue entonces cuando un día me llamaron unos amigos para

hacer un viaje a Bangkok (Tailandia)… ¡Era uno de mis grandes sueños! ¡Ir a la cuna del Boxeo Tailandés y estar un mes en un campo de entrenamiento, luchando, entrenando y aprendiendo su cultura! Al poco tiempo, ya estábamos en la ciudad, entrenando todos los días. Nos levantábamos a las seis de la mañana, corríamos 12 kilómetros y después, teníamos sesión de paos y sacos; por último, hacíamos combates con varios campeones del campo de entrenamiento.

Teniendo poco dinero en mis bolsillos, me propusieron entonces pelear; se ganaba muy poco, pero mi ilusión había sido llegar a Tailandia y poder pelear en la élite de este deporte, así que accedí. Luché dos veces en un mes y, mientras tanto, entrenaba cada día. A cambio me prometieron algo de dinero, pero nunca llegó.

Entonces, hablé con el propietario del campo de entrenamiento; me dijo que me iba a mandar unas cajas para España con material deportivo para los cinco amigos que íbamos. La verdad es que no le creí, pero, a las dos semanas, me llaman del aeropuerto, diciéndome que tenían 4 cajas a mi nombre y que venían de Bangkok.

Al llegar al aeropuerto, pregunté por mis cajas y me mandaron directamente a la terminal de cargas, en la zona de aduanas. Nada más entrar por la puerta me pidieron un montón de papeles: nombre de la empresa, facturas del material deportivo, comprobantes de pagos… ¡Uf! ¡Qué mal rato pasé! No tenía ningún papel, ni nombre de la empresa, ni facturas, ni comprobantes…ni nada. Entonces, pedí hablar con el inspector de Aduanas; le expliqué lo que nos había pasado en Bangkok: que eran unos regalos del campo de entrenamiento a cambio de haber pasado un mes entrenando y luchando; le enseñé fotos y todas mis "señales de guerra" de un mes en

147

Tailandia: 4 puntos en la cabeza, moretones que todavía tenía en la cara y las tibias moradas por los golpes. La verdad es que el inspector optó por ayudarnos y dar soluciones para poder sacar el material deportivo de Aduanas.

Llegué al gimnasio que tenía en esa época, llamado *Campeones*, y vendí todas las cajas en 2 horas; era impresionante ver cómo todo el mundo demandaba esos productos. Repartí el dinero ganado entre los 5 amigos que habíamos ido a Tailandia y entonces empezó mi gran andadura…

Primero, me puse en contacto con el propietario del campo de entrenamiento en Bangkok para que me facilitara los datos de la fábrica, con el fin de comprar más productos. En segundo lugar, estudié las gestiones que necesitaba para poder traer productos de otros países: procedimientos para la importación, documentación internacional, cites, transporte internacional, cambio de divisas, etc., (la verdad que es un todo mundo, pero me encanta). Lo tercero fue buscar clientes que quisieran mis productos y desarrollar una plataforma en Internet para poder vender en todos sitios.

Los primeros pedidos fueron muy pequeños; aún no sacaba dinero para invertir y, por otro lado, estaba en la etapa de experimentar en traer productos de Tailandia sin problemas con la Hacienda Pública. Fui adquiriendo muchos conocimientos sobre cómo conseguir productos en otros países, y a empezar a ir a seminarios sobre Importación/Exportación.

Un día me llamó una empresa especializada en moda, ofreciéndome trabajar para ellos como jefe de expansión de la marca. La verdad es que me encantaba su proyecto; era una marca pequeña que producía camisetas en su propio taller. Gastaban todo su tiempo en fabricar ellos mismos sus camisetas y no destinaban nada de dinero en *marketing* y publicidad. Así que durante la primera semana preparé un plan de desarrollo de la marca; lo primero fue buscar fabricantes de ropa en países fiables, además de diseñar una línea diferente a todas las competencias, siendo lo más importante de todo la calidad de las prendas; al dejar de fabricar, tendrían más tiempo para dedicarse a buscar profesionales del *marketing* y crear grandes campañas de publicidad en toda la provincia.

Fue todo un éxito. En un año y medio llegamos a vender más de 3 millones de euros en camisetas; la marca fue reconocida en toda Europa y había un equipo de trabajo impresionante. Pero llegó la crisis a España, junto con el *boom* inmobiliario, y fue la excusa perfecta para despedir a muchas personas y ganar más dinero los dueños.

Esta fue una de las grandes lecciones que me ha dado la vida: la de crear mis propias marcas para poder vivir de ellas. Me di cuenta que, al crear una marca, el reconocimiento es para uno mismo, tanto los logros como los fracasos.

Nunca dejé de dar mis clases de deportes de contacto y seminarios por otras ciudades, así que volví a mi antiguo proyecto y me fui para Bangkok; al entrar en la fábrica, se alegraron mucho de contactar conmigo otra vez.

Tenía grandes proyectos, pero tenía que ponerle un nombre al *niño*. Paseando de noche por la ciudad, solamente me llamaba la atención la gran iluminación y lo grande que eran las estatuas de los Budas; era impresionante esa belleza, la iluminación y el poder que desprendían. Al día siguiente, fui a la fábrica con mis primeros pedidos y el nombre de la marca: "Buddha Sports".

En tres años ya tenía consolidada la empresa, siendo una de las marcas más importantes de España y uno de los mejores fabricantes del sector nacional. Actualmente estamos en plena expansión, con presencia en todos los continentes. Disponemos de producciones propias en Pakistán, teniendo sectores muy experimentados, zonas de investigación y de desarrollo de todos nuestros productos. Somos cerca de 70 personas. Seguimos trabajando con la fábrica de Tailandia y creamos allí nuestra gama alta de productos; también tenemos producciones contratadas en Taiwán, China y Bangladesh.

No termina ahí, pues fabriqué un segundo *hijo* empresarial. Al dedicarme mucho al deporte durante tantos años, decidí crear una marca de nutrición deportiva, ya que cualquier deportista necesita suplementación.

Finalmente, mi tercer *hijo* empresarial es el proyecto más importante que he creado: ayudar a personas a realizar sus sueños, creando marcas, innovando y experimentando en la fabricación de sus productos; importar de forma segura y enseñar sistemas exitosos de ventas como los que me han llevado a poder seguir cumpliendo mis sueños.

Ingredientes de una Marca

Para crear nuestros sueños, tenemos que saber cómo empiezan y cómo terminan, teniendo muy claros cada uno de los pasos. Esto mismo lo tienes que llevar a cabo en la creación de tu marca:

Tu mercado

Tienes que saber el nicho de mercado en que quieres crear el producto y hacer un estudio exhaustivo: qué necesitan tus futuros clientes, qué puede marcar la diferencia de las competencias, qué precios poner, qué publicidad hacer, qué estrategias seguir, qué quiere tu nicho de mercado…

Estas son algunas de las cuestiones que tienes que hacerte antes de empezar. Te recomiendo que preguntes y hagas encuestas a tu nicho de mercado. Para empezar, es muy importante saber lo que quieren y qué necesitan actualmente. Utiliza las redes sociales, los foros de opinión y los *e-mails* para llegar a saber la necesidad que tienen tus futuros clientes.

Cómo se llamará el niñ@
Una vez que sabes el nicho de mercado y la necesidad, tienes que ponerle el nombre al niñ@. El nombre de una marca y su imagen corporativa es muy importante. Te recomiendo que uses todo el tiempo del mundo para buscar lo correcto; utiliza Internet, diccionarios; habla con tus amigos para que te den ideas, busca en revistas… El nombre tiene que ser corto, no más de 14 letras; con fuerza y que inspire confianza; en definitiva, único y llamativo.

Al buscar el nombre de la marca, te recomiendo que registres el dominio Web, en lo posible que sea el nombre de la marca. com. Registra todos los dominios que puedas para que no te lo puedan quitar después, con las extensiones -info, -net, -tv, -es (si vives en España). Estás creando tu marca, así que no escatimes en pagar nombres de dominios, porque te podrás arrepentir toda tu vida.

Otro punto muy importante es la imagen corporativa de tu marca. Te recomiendo que te busques varios diseñadores y crees los puntos básicos de tu marca: estilo de letra, logotipo, colores que vas a utilizar (en fondos claros, en fondos oscuros), tu tarjeta de presentación. En fin, toda la imagen de tu marca.

Ya tenemos el nombre del niñ@, el dominio y la imagen corporativa. El siguiente punto es patentar la marca. Este tema es muy importante. Dirígete a la oficina de marcas y patentes de tu país y registra, al menos, tu marca en tu país. Conforme vayas creciendo, podrás ir patentando en otros países y continentes.

Estos tips son *oro puro*; es lo primero que tienes que hacer. Hay muchas personas que viven de registrar dominios y de patentar marcas que las empresas propias no han hecho; una vez que lo han registrado todo, les han pedidos cantidades muy grandes de dinero y muchas de esas empresas han tenido que cerrar por denuncias y problemas con las patentes.

Creación del Producto

Una vez, Steve Jobs le dijo a John Sculley (Presidente de Pepsi): *"¿Quieres vender agua azucarada el resto de tu vida o quieres hacer historia?".* Y John se pasó a Apple.

Los productos que vas a vender son lo más importante del negocio. Te recomiendo que, después de hacer el estudio y saber qué es lo que quiere tu nicho de mercado, te prepares una ficha técnica del producto (al final del capítulo te escribiré mi Web para que puedas descargártelo), en la cual debe aparecer la foto del producto en varias perspectivas, así como la descripción del artículo, materiales con los que debe ser fabricado (piel, pvc, piel sintética, algodón, nylon, etc.), tallas, colores, medidas, peso… es decir, todo lo necesario para poder enviarlo a fabricación.

Es importante que esté todo muy bien especificado, también en inglés, para no tener errores de fábrica. Toda la ficha técnica tiene que ir muy bien detallada. Otro factor muy importante a tener claro es la presentación del producto, pues muchas personas compran por los ojos. Si la primera percepción del producto no es buena, no vas a venderlo.

Tengo un cliente que quería crear una marca de licor; me encantó la idea. Nos pusimos a investigar y preparar un estudio de mercado. Tras varios días de investigación, nos decantamos por fabricar una marca de Ginebra. Teníamos fabricaciones muy cercanas, aquí en Andalucía (España); pero lo importante era que queríamos ser *diferentes*. Nos lanzamos a innovar, a lanzar una ginebra con sabor a fresa, evitando el típico color transparente que tiene la ginebra, y hacerlo de color rojizo pálido. Su sabor era muy bueno, a fresa; le quitaba el amargor de la ginebra y, junto con la tónica, le daba un color rojizo muy bonito, diferente a todas las bebidas.

Empezamos a crear una <u>imagen corporativa</u> de lujo; queríamos innovar y ser diferentes. Se diseñaron etiquetas y cajas para las botellas en tres dimensiones, mezclando el color plata y oro. La fábrica nos proporcionaba su proveedor de etiquetas, como hacían todas las marcas, pero eso resultaba ser uno más. Me puse a buscar fabricantes en China y dimos en la tecla. ¡Quedó espectacular!, daban ganas de tener el producto como decoración. La marca fue todo un éxito: muchos bares, *pubs* y discotecas compraban la ginebra por su presentación. Siguiendo el estudio de mercado, comprobamos que la gente de las discotecas y los pubs pedían *esa bebida roja*, pues se sentían diferentes, bebiendo algo original y con un nuevo sabor. En cinco meses se crearon 6 sabores más, con diseños y presentaciones totalmente diferentes unos de otros. Se prepararon catálogos físicos de todos sus productos y una impresionante plataforma de venta para iniciar su expansión.

En definitiva, para crear un producto tienes que tener las <u>ideas claras</u>, <u>innovar</u> y <u>cambiar la vida de las personas</u>.

Fabricaciones Internacionales
En este capítulo voy a dar dos tips muy básicos que van a

resolver tus dudas para poder empezar a buscar producciones en otros países.

Para buscar un buen fabricante, hay que ir a la feria nacional o mundial de tu nicho de mercado. Por ejemplo, si te dedicas al deporte, es importante ir a la FIBO, que se celebra todos los años en Alemania, y a la Feria Mundial, anual en Guangzhou (China). Las ferias son significativas porque suelen asistir fabricantes serios; debes crear un primer contacto con ellos y ver las calidades que fabrican. Es muy importante también comprobar si estas fábricas tienen un departamento de investigación y desarrollo, así como ver las ideas que tienen sobre el producto que quieres fabricar. En la feria podrás sentarte con su equipo, ver la ficha técnica de los productos que estás buscando y luchar por los precios.

Otro gran tip de búsqueda son las oficinas comerciales. Todos los países tienen oficinas en casi todo el mundo. Por ejemplo, si vivo en México y quiero comprar zapatos en China, debo contactar con la oficina comercial de México en China; suelen ser funcionarios muy cualificados, que ayudan a muchas empresas tanto en compra como en venta. Puedes llamar o enviarles un *e-mail* explicando detalladamente qué necesitas; te recomendarán alguna fábrica del país.

Recomendaciones
Una vez que tengas localizada la fábrica, es muy importante visitar su Web y ver toda la información de contacto: teléfonos, dirección de correo electrónico, etc.; también que tengan todos los certificados internacionales. Para ello, suelo enviar un *e-mail* a las Cámaras de Comercio del país, con el fin de verificar si esa fábrica tiene una alerta internacional o denuncias pendientes.

No busques intermediarios, pues encarecerán el producto y les dará igual la calidad, ya que querrán tener grandes comisiones.

Infórmate muy bien qué materiales utilizan para fabricar tu producto para no tener problemas en la entrada del país de Destino. En una feria Internacional conocí a unas producciones en Pakistán, la verdad que todo tenía muy buena pinta. Mi primer pedido fueron Guantes de Boxeo. Al llegar al puerto marítimo me llama la policía, que hiciera el favor de venir rápidamente al Departamento de Aduanas y de Inspecciones. De mi negocio al puerto tenía 40 minutos en coche. ¡Fueron los más largos de mi vida! Yo ya pensaba que algo raro habían introducido en los guantes. Al entrar en la zona de inspección estaba allí mi agente de aduanas mirándome con muy mala cara y diciéndome ¿Dani que has traído en estas cajas? Tienes a todos los perros de la policía alrededor de tus cajas y no paran de ladrar.

¡Uf! Empezaron la inspección, venga sacar guantes, empezaron a romperlos para ver y analizar su interior, al no ver nada lo mandaron todo al laboratorio. No había nada, pero resulta que la fábrica había utilizado una cola adhesiva que usaban los narcos para camuflar la droga.

Muy importante, tienes que saber los materiales que utilizan en todos tus productos.

Al terminar todas las producciones, es fundamental buscar una buena agencia de aduanas, que prepare la recogida de la mercancía, te informe de la documentación que se necesita para transportar a tu país todos los nuevos productos fabricados. No suele ser documentación muy compleja; suelen pedir factura, *Packing List*, *Packing Weight*, *Bill of Lading* y algún certificado de origen (te recomiendo que sigas mi Web, donde te daré más soluciones e informaciones adicionales).

Ellos también te guiarán por si necesitas otra documentación, por ejemplo hay productos como las camisetas, que actualmente están muy controlados. Al llegar suelen pedir *Cites*, que es un control de calidad, tiene que cumplir una serie de especificaciones y es muy importante que hables con tu agente de aduanas o con tu consultor para que te digan todo lo que necesitas.

Tu plataforma de venta

La familia está creciendo: ya tienes marca, imagen corporativa, producto y todo en tu casa o almacén; ahora hay que venderlo. Un tema muy importante es crear *Branding*; hacer subir una marca no es tan complicado. Hoy en día tienes herramientas muy buenas a través de Internet, donde puedes poner publicidad, promocionar o vender tu marca.

Una buena plataforma de venta, te lo recomiendo, es una tienda *online*; yo utilizo Prestashop, una tienda con carrito de compra. Pondré algunas recomendaciones en mi Web, para que puedas ir a un proveedor de confianza. Cuando los prospectos entren en tu Web, es muy importante tener:

Toda la información de contacto: nombre, dirección, código postal, teléfonos de contacto, dirección de correo electrónico. Inclusive, ahora está de moda poner un teléfono gratuito para que el cliente te pueda llamar sin pagar nada, así como enlazar con un *chat online*. Muchos prospectos suelen tener dudas y, si se las solucionas al momento, es más fácil que compren.

Quiénes somos, dónde está ubicada la tienda o las tiendas que venden tu marca. Toda la información que puedas dar es muy importante para poder generar confianza.

Una barra de navegación muy sencilla para que se pueda viajar

"Si Yo Pude, Tú También Puedes"

por el espacio Web sin complicaciones.

Banners de publicidad. Debes tener en portada los productos más atractivos; habla con tu diseñador para que elabore un diseño que de ganas de comprarlo nada más ver la foto.

Un buen *Footer* o Pie de Página, con información de las redes sociales y con sellos de confianza *online*.

En tu página de productos debe haber buenas fotos, con varias perspectivas. Si tienes algún video creado, también lo puedes poner. Además, una descripción muy detallada de los beneficios que se obtienen adquiriendo tu producto.

Hay que hacer sencilla la compra, que puedan escoger tallas o colores fácilmente, y dando información sobre los precios de los transportes.

En cuanto a las formas de pago, como mínimo tienes que tener transferencia bancaria, Pay-Pal, pago con tarjeta y pago contra reembolso.

Estos son los tips básicos que tiene que cumplir tu página de ventas con carrito de la compra. Crea una Web dinámica, innovadora y, sobre todo, fácil de navegar.

Otro pilar fundamental es tener tu propio blog (yo uso Wordpress). Escribe contenido de calidad sobre tus productos, con detalles adicionales, informes… todo lo esencial para que el cliente pueda comprobar que eres el número uno en tu nicho de mercado.
Haz llamadas a la acción y, después de cada artículo, dirígelos a tu tienda de compra.

Crea suscripciones voluntarias, páginas de capturas, para poder hacer seguimientos y ofertas posteriores a tus prospectos o clientes.

Busca clientes satisfechos de haber comprado tu marca y pídeles que sean testimonios de compra; un pequeño video grabado con tú móvil o algo casero, inspira más seguridad y confianza a la hora de comprar.

Lo importante de tu blog es que puedas conectarlo con tu tienda *online* y que generes información de calidad. Todo esto te ayudará también mucho a hacer ventas y posicionamientos en los motores de búsqueda de Google.

Otro pilar fundamental son las redes sociales. Son uno de los mejores inventos que se ha podido crear para hacer *Branding*. Abre cuentas en Facebook, Twitter, LinkedIn, YouTube, Google+ y súbelas de nivel, escribiendo todos los días sobre la marca: qué haces, dónde vas, la gente importante que está comprando tu marca, los testimonios, las ofertas... Es muy importante interactuar con los prospectos, hacer encuestas, crear sorteos; tienes un gran abanico de posibilidades para poder crear *fans* de tu marca. Las redes sociales te proporcionan todos estos servicios y gratis.

Crea un ejército de personas contentas con tu marca y que todo el mundo se entere; todo esto te va a llevar a lo más alto de tus sueños.

Tu negocio en piloto automático

Una vez que tu marca empiece a hacer ventas, es muy importante saber que debes crear departamentos. Cuando empecé con mi primera marca llamada Buddha Sports, me enamoré de ella locamente; eso fue un problema, pues estaba 16 horas al día trabajando para ella. Yo mismo diseñaba los productos, fabricaba la ropa con un pequeño taller en mi piso, buscaba clientes, hacía campañas de Google Adwords y Facebook Adds, viajaba a las fabricaciones, descargaba camiones, montaba estanterías, lo ponía todo en orden, preparaba los pedidos y cargaba a los transportistas. En fin, la marca era yo. Ese fue un gran problema, pues me volví loco por ella.

Una de las mejores lecciones que he aprendido es crear departamentos y colocar un responsable en cada uno. Segmenta tu negocio en:

· Departamento de Publicidad, Diseño y Captación de clientes.
· Departamento de Atención a Clientes y Pedidos.
· Departamento de Facturación y Contabilidad.
· Departamento de Expediciones.
· Departamento Post Venta.

La mejor inversión que puedes hacer por tu familia
Cuando era pequeño, mis padres trabajaban mucho para poder vivir; solo eso: vivir. Ahora que soy padre, quiero pasar el mayor tiempo posible con mis hijos, mi mujer, mis amigos y, sobre todo, con mi familia; poder disfrutar de ellos todo lo posible.

Muchas gracias por leer este capítulo. Espero que te haya gustado. Un poco más abajo te dejo mis datos para que puedas contactar conmigo.

Mi próximo libro se llamará *"Crea tu marca de éxito"*; en él te explicaré paso a paso cómo crear marcas o productos desde cero y llevarlos a otro nivel. Después de cada capítulo, te facilitaré unas páginas de interés, para que te sea mucho más fácil y puedas ir paso a paso en tu proyecto. Para cualquier duda, estaré encantado de ayudarte.

Crea tu marca o tus productos, véndelos con pasión y vive tus sueños.
Si yo pude…tú también puedes.

Daniel Sánchez Ayala
Empresario
Experto en Creación de Marcas
Consultor y Conferencista
www.creatumarcadeexito.com
info@creatumarcadeexito.com

Tres Poderes Que Conducen Al Ahora, A Lo Vital Y Al Logro

Por Marianela Vallejo Valencia [*1]
www.marianelavallejo.com

EL TIEMPO ES AHORA

El único tiempo real, ese que en tus manos está, es EL AHORA; es el presente. EL AYER cargado de recuerdos, solo existe en tu memoria y, el FUTURO impulsado por tus anhelos y deseos, solo existe en tus fantasías y en tu mente. Si tanto el pasado como el futuro, en un momento dado, están invadiendo tu mente, focalizarte en el momento actual se torna difícil, por no decir imposible. El presente es la única posibilidad real para implementar tus logros.

Sí, eso es, es ahora en tu momento presente cuando puedes decidir, hacer y plasmar lo que en el futuro vas a obtener, es decir, EL LOGRO, y todo esto impulsado por la fuerza del ayer, con la vivencia de lo anhelado traído a la experiencia del presente.

Poder estar presente en EL AHORA implica tener tu mirada en la vida, es decir, en LO VITAL. Tomar consciencia de una respiración lenta y profunda, permite abrazar la vibración vital que conduce al presente.

Desde mi experiencia se perfila además, una comprensión compasiva que exige aunar **TRES PODERES**: las **TRES C**, con los **TRES TALENTOS EMPRESARIALES** y los **TRES ÓRDENES HACIA LA PLENITUD VITAL**.

EL TRIÁNGULO DE LOS RECURSOS INTERNOS
1). LAS TRES C

CONSCIENCIA. Darte cuenta de ti, sentir tu cuerpo y reconocer tu historia a través del tamiz de la consciencia, se constituye en paso inicial y definitivo para abrir la posibilidad de implementar el cambio necesario, al servicio de lo que anhelas obtener.

CONSTANCIA. Persistiendo más allá de los obstáculos, con la disciplina que garantice el éxito. Es de muchos bien conocido, cómo la persistencia se convierte en requisito básico para continuar por los caminos adecuados, aquellos que por conducirnos con fluidez se develan como los apropiados para coronar la meta esperada.

COMPROMISO. Implementando y conservando la visión focalizada, en un avance tal, que paso a paso, refuerce la motivación hasta llegar a obtener lo ambicionado.

EL TRIÁNGULO DEL EXITO EMPRESARIAL
2). LOS TRES TALENTOS DEL ÉXITO EMPRESARIAL [*2]

VISIÓN y FOCO para lograr tus sueños, proyectos y metas.

RECONCILIACIÓN con padres y ancestros para liberar cargas y transformarlas en fuerza de vida y en impulso vital, que apuntale lo que se necesita conseguir.

ARMONÍA VINCULAR a través del orden y del amor, generadores de **gratitud**, como puerta segura que abre el corazón para recibir **abundancia** y los éxitos esperados.

LA VIDA QUE SÍ FLORECE

"La vida que no florece y es estéril y escondida y ni fecunda ni crece, es vida que no merece el santo nombre de vida". José María Peman.

3. LOS TRES ÓRDENES HACIA LA PLENITUD VITAL [*3]

Fue Bert Hellinger, filósofo alemán de nuestro tiempo, quien sistematizó estos órdenes, conocidos como Órdenes del Amor. Los describe como prerrequisito primario y fundamental para lograr que la energía del amor retome su cauce natural, ordenando los sistemas y deshaciendo los nudos que impiden a lo creativo aflorar, tanto como pueden empantanar el fluir de la vida, frenando la evolución natural y estancando las realizaciones. En tales circunstancias el flujo del amor, por estar atrapado en conflictos pendientes transgeneracionales, nos ancla en el pasado, detiene la mirada en el ayer e impide nuestra realización en el presente. Estos tres órdenes del funcionamiento vincular se refieren a:

LA PERTENENCIA. Sentir que pertenecemos a unos [*3] padres, a una familia y a un linaje, nos arraiga y esto conforma las raíces que permiten el fluir del alimento que nos nutre, es decir, la fuerza de vida, que a la vez que nos contiene, en última instancia, a ella pertenecemos.

LA JERARQUÍA. Reconocer que dentro del clan al que pertenecemos existe un orden, puesto que hubo quienes nacieron antes que nosotros y quienes vinieron después, permite que podamos apreciar el escenario familiar limpio y alineado. El respeto por la jerarquía, propicia un pensamiento claro que facilita establecer prioridades. En sí mismas, estas contienen un lugar determinado, una asignación y una distribución también jerárquica.

EL EQUILIBRIO. Sembrar armonía dentro de esas relaciones para que la cosecha germine, exige una compensación equilibrada entre lo que se entrega a la siembra y lo que de ella se recoge; entre lo que tomamos y lo que le hemos dado.

EL LOGRO DE LO ANHELADO

¡¡¡Lo que quizás aún no has registrado, es que realmente estamos viviendo nuevos tiempos, impregnados por una nueva energía en

la cual a tu alcance está, conseguir lo anhelado!!!

Te estarás preguntando y ¿cómo puedo lograrlo? Fuera de los pasos ya descritos, varios más, son necesarios.

Veamos: reconocer la historia vivida sea lo que haya sido, como una dádiva, saber que por compleja y difícil tuvo un sentido con miras a un aprendizaje transformador, nos permite soltar la parte de la historia que duele para resignificarla, liberarla y limpiar el hoy de las cargas del ayer. Solo así podremos estar en el ahora. Soltar las quejas y protestas de lo que no pudo ser y transformar esa energía que obstaculiza y limita, en otra que cargada de gratitud abra las puertas al logro de lo ambicionado. Vale decir, soltar lo que no sucedió y dejarlo ir, lo añorado y lo que faltó; liberarse de la historia que ata, para ampliar la mirada hacia lo vital. Lo que fue, fue, tal cual fue y no distinto. Pasar del dolor de la contracción, de la ausencia y de la muerte, a la apertura de la expansión, de lo pleno y de la vida.

En esa historia están nuestros padres, nuestros antepasados, así como todo el contexto que tanto a ellos como a nosotros nos ha rodeado. Reconocerlos y honrarlos es parte de la apertura del corazón para tomarlos tal como fueron, y agradecerles la vida que a través a ellos nos fue dada, dentro de las circunstancias que vivieron, por difíciles que hayan sido. Congraciadas a su favor o aparentemente obstaculizados por ellas, nos entregaron lo mejor que supieron y pudieron ofrecernos. Transformar la energía, en tanto podamos agradecer lo vivido por ellos, también transforma las dificultades en fuerza vital y lo sombrío y limitante en luminosidad. Tantas más dificultades vivieron, tanto más fuerza para enfrentarlas desplegaron y tanto más impulso vital, hacia el logro de lo que anhelamos emprender, de allí podremos derivar.

Las intervenciones sistémicas han descubierto la importancia de la integración de todos los elementos que hacen parte del sistema mismo. Es preciso abrazar la inclusión de cada uno de ellos a partir de su reconocimiento, orden y equilibrio, para lograr las metas que nos proponemos.

Las lealtades con la familia de origen, la influencia transgeneracional, el sello al parecer indeleble de los vínculos primarios y del contexto en el que hemos crecido y al cual pertenecemos, marcan nuestro camino en pro o en contra de nuestros proyectos y derroteros.

En tu vida misma los tuyos están siempre presentes, llevas su sangre y con ella, la historia que vivieron, marca tu bienestar a todos los niveles; por obvias razones resaltó el nivel material, el emocional y la capacidad de logro. Desde siempre tú historia y tu presente, tanto como lo deseado, han estado incuestionablemente conectados a la vida de tus antepasados; así hayan cruzado la puerta de retorno, quedan en ti y viven en ti. Nuevamente te estarás preguntando ¿Cómo voy a estar condicionado por quienes ni siquiera conocí? ¿Y si fuese así, entonces qué hacer?

Importantes estudios e investigaciones lo han venido probando. En el siglo pasado el doctor Lipot Szondi, investigador húngaro, psicoanalista, médico y genetista, trabajó sobre más de cinco mil árboles genealógicos, y comprobó la influencia de nuestros ancestros en cinco ámbitos de nuestra vida: la elección de pareja, de amistades, del quehacer profesional, de las enfermedades e incluso de la forma de muerte.

En la época actual los descubrimientos de los campos morfogenéticos realizados por el científico Rupert Sheldrake, biólogo inglés, a más de algunos planteamientos formulados desde la física cuántica, han comprobado la incidencia de lo transgeneracional sobre nuestra vida actual. En mi trayectoria personal y profesional esta influencia se ha hecho más que evidente.

La travesía para liberar el peso ancestral y lograr transmutarlo en fuerza de vida y en impulso de logro, es factible de recorrer. Es preciso partir de la humildad, que permite vernos como un eslabón más de la cadena a la que todos pertenecemos, y en ella nos anteceden nuestros mayores, aquellos que nos transmitieron la vida, llegando desde nuestro origen, sea el que haya sido, y recorriendo la línea generacional, que hasta nosotros llega para continuar nuestra descendencia. A ellos es preciso reconocer y honrar. Haciendo referencia al adagio popular, decimos: ***Quien no conoce y honra su aldea de origen tampoco logrará saber cuál es su aldea de llegada.***

Solamente tres pasos son necesarios para disponernos a integrarlos en nuestro recorrido vital:

RECONOCER los ancestros para incluirlos y saber que nos pertenecen y les pertenecemos; **HONRAR** su vida, sin juicio moral, puesto que como parte del sistema que nos cobija, inequívocamente fue la mejor que a ellos les correspondió, dentro de los aprendizajes pertinentes y adecuados a su proceso y nivel evolutivo; **AGRADECER** lo que ellos recorrieron, por difíciles que hubiesen sido las circunstancias vividas, ya que gracias a ellas o a pesar de estas, la vida llegó hasta nosotros.

Es preciso pedir con nuestra venia su afable mirada, para que a más de tomar sus éxitos, nos permitan también transmutar sus limitaciones y dolores en fuerza de vida, hacia una luz que ilumine el sendero que hemos de recorrer, con el impulso vital para lograrlo. En esta forma, y gracias a nuestro reconocimiento, honra y gratitud, su transitar pueda continuar elevándose hacia nuevos rumbos, de tal manera que bajo su bendición, impulso y fuerza vital, logremos alcanzar las metas y proyectos que nosotros mismos hemos planeado.

Incluyendo tu historia toda, lograrás alinearte con tus objetivos para autogestionarlos, esa es la meta. Si con éxito logras convertirte en tu propio líder, con certeza podrás trasladar tu experiencia personal a tus procesos de cambio, en todos los ámbitos como los sociales, emocionales, personales, profesionales y espirituales. De tal manera que también estando al servicio de otros, en lo que realices, logres alcanzar la mejor versión que de ti mismo permitas emerger, para plasmar lo que te has propuesto.

Asentir a lo vivido tal cual fue y tal cual es, se constituye en requisito primario, para que auténticamente se logre tomar la vida.

¡¡¡Sólo así podemos apropiarnos de ella. Sólo así abrimos el camino hacia lo constructivo. Sólo así abrazamos el Amor por la Vida. Sólo así desarrollamos la confianza en ella. Sólo así vemos más las oportunidades que las dificultades. Sólo así somos lo que merecemos Ser, en nuestro Sentir, Pensar y Hacer. Sólo así logramos el sueño anhelado!!! [*4]

ENMARCANDO LA EXPERIENCIA

Amado lector, **para ti que has apostado por ti mismo**, hasta lograr tus metas realizando tus propósitos, con una visión enfocada hasta alcanzar lo anhelado.

Para ti que dedicas tiempo para nutrirte con estas páginas, quiero regalarte una historia que te evidencia cuánto se puede, cuando logramos armonizar la conjugación de las **TRES C**, con los **TRES TALENTOS EMPRESARIALES** y los **TRES ÓRDENES HACIA LA PLENITUD DE LA VIDA,** es decir, el enlace de los tres triángulos básicos, que a más de generar el encuentro entre lo terrenal y lo sublime, impulsan y propician, con la fuerza necesaria, la realización de nuestros sueños, anhelos y proyectos.

La integración fluida de estos tres aspectos permite que dentro de un sistema el orden se establezca, para convertirlo en tierra fértil. De tal manera, que lo creativo, aquello que del amor emerge, se propicie y se multiplique.

Sólo esta plataforma agencia vientos de abundancia y prosperidad y avala proyectos y emprendimientos en expansión.

Conocer, aprender, respetar y trabajar para implementar estos órdenes en mi sistema, me implicó poner en marcha el poder de las **TRES C**, con los **TRES TALENTOS EMPRESARIALES** y los **TRES ÓRDENES HACIA LA PLENITUD VITAL.**

Respecto a las **TRES C,** como las he venido denominando: entretejer consciencia, constancia y compromiso se convirtió en eje fundamental al servicio de lo buscado. **CONSCIENCIA** para haberme dado cuenta de mis responsabilidades frente a mi propia vida y mi quehacer. **CONSTANCIA** para haber conseguido implementar lo necesario y pertinente hacia la consecución de lo buscado, siempre en presencia de lo que había por vivir. **COMPROMISO** para recorrer el camino en busca del anhelado logro propuesto.

Aunarlas con los **TRES TALENTOS EMPRESARIALES** desde una **VISIÓN FOCALIZADA,** para que a partir de allí pudiera explorar y trabajar con plena consciencia la **RECONCILIACIÓN** que a mi alcance estuviera: con mi red familiar, con mi sistema, con mi familia actual, con la de origen, con mis encuentros intergeneracionales, a más de incluir todo lo transgeneracional, así escapara a mi consciencia.

Bien sabía que por pertenecerme también estaba influenciando mi presente.

Este acervo de conocimientos, me condujo a cuidar la *ARMONÍA VINCULAR,* esa que surge de una historia comprendida, desde un corazón compasivo, de reflexiones e investigaciones; de la **honra** y de la **gratitud** a los ancestros, esa que a su vez genera **abundancia** a todos los niveles. Entonces y sólo así, pude incluir incuestionablemente el tercer poder.

Lo último aquí descrito, más no por eso lo menos importante, fue alinearme también con **LOS TRES ÓRDENES DEL AMOR** que en la búsqueda de la plenitud y la realización vital, me fue preciso trabajar, a más de continuar revisando cada día, lo que ante mí se presentara y lo que aún pudiese esperar para ser explorado.

Realizar el trabajo de inclusión de mis hermanos no nacidos fue un proceso importante para mí, tanto como lo fue el de incluir a mis antepasados aún no reconocidos. Especialmente a quienes por censura social o moral, o por historias de guerra y sus nefastas consecuencias, no tenían en mi vida un lugar relevante.

Muertes tempranas, accidentes, fallecimientos trágicos, homicidios, asesinatos y suicidios, son expresiones de pendientes transgeneracionales aún no reconocidos y por lo tanto excluidos, que de una u otra manera terminan lesionando la *PERTENENCIA*. Entre más incluimos a nuestros antepasados, más completos nos sentimos, en forma tal que logremos resignificar las circunstancias difíciles, dándoles un lugar en nuestra vida y en nuestros afectos. A más de prepararnos y reorientarnos hacia un destino más ligero y armónico que abrace el éxito de lo anhelado, y permee nuestro quehacer.

En mi caso particular, con las exclusiones que ni percibía, por ello mismo eran exclusiones, mi lugar estaba trastocado y con él la jerarquía. **Completar nuestro sistema, propicia la *JERARQUÍA*.**

Creía ser la mayor de cuatro hijos, y así me lo decían, cuando al ordenar mi sistema, descubro que tan solo era la cuarta de seis.

Ocupar el propio LUGAR dentro de la propia red familiar a la cual pertenecemos, es condición previa y requisito esencial, para poder ser lo que realmente somos. *PERTENENCIA*, *LUGAR* Y *JERARQUÍA* van de la mano. Sólo desde el propio lugar podemos

asumir nuestros dones, nuestra vocación, nuestra misión, nuestros logros, nuestro SER REAL ESCENCIAL, es decir, nuestro verdadero destino.

La *INCLUSIÓN* correlativa a la *PERTENENCIA*, determina el *RESPETO POR LA JERARQUÍA*, la cual está encadenada al *LUGAR OCUPADO*, tanto como este, está condicionando de manera inexorable el *EQUILIBRIO COMPENSATORIO* entre el dar y el recibir.

Al sentirme la hermana mayor, recayeron sobre mí deberes correspondientes a tal lugar y frente a mis hermanos privilegiaba el dar sobre el recibir, en tal forma que esta peculiar circunstancia condujo necesariamente a un costoso imbalance, con consecuencias que sin hacerse esperar, alteraron la armonía vincular y familiar. Muy probablemente otra hubiese sido mi historia si al haber incluido a quienes no alcanzaron a ver la luz de esta vida, hubiese ocupado el correspondiente cuarto lugar.

Sin embargo, los sistemas tienen sus razones que el corazón no comprende, obedecen siempre a un orden, inconsciente en muchas ocasiones, que les permite reestablecer el equilibrio perdido.

De manera inconsciente y desde un amor ingenuo, yo estaba al servicio del sistema, para en esa forma compensarlo, asumiendo el lugar de la primogénita. Como si cubriera a mi hermana mayor, que por no haber alcanzado a nacer, no había sido incluida en la familia. Esta situación para mis padres probablemente era ya conocida desde su propio repertorio, así fuese no consciente; quizás también lo habían vivido en sus propias familias de origen.

En esa forma, la cadena de exclusiones continúa, hasta cuando por alguna razón, en la red familiar, se recupere el orden que

hasta entonces estaba alterado.

En este sentido y desde esta mirada hellingeriana, fundamentada en el amor como el logro de la realización y la plenitud vital, a todo nivel, las alteraciones de la conducta y de la vida, es decir, aquello que nos impide la felicidad, constituyen síntomas que por sí mismos son mensajeros del amor real, con miras a que los pendientes transgeneracionales, puedan ser vistos, reconocidos y alineados dentro de estos tres órdenes, hacia la plenitud vital.

Entre los síntomas destacamos la falta de éxito, la escasez en todos los ámbitos, las dificultades para alcanzar las metas propuestas, las quiebras empresariales, las separaciones, las muertes trágicas y los accidentes.

En efecto, el *ALMA FAMILIAR* que aglutina la red de la familia pugna porque estos órdenes sean acatados, expresando su inconsistencia, o bien en la generación en la cual sucede el hecho perturbador o en las subsiguientes, hasta cuando por ser vistos se reordena el sistema y los implicados pueden ser liberados.

PINCELADAS SOBRE MI PROPIA HISTORIA

Amado lector, para tu reflexión quiero entregarte algunas pinceladas sobre mi propia historia, acerca de la cual tomar **CONSCIENCIA,** *dándome cuenta de lo vivido y de lo que me había determinado, persistiendo con* **CONSTANCIA** *para comprenderla, reconocerla y honrarla, se convirtieron en motor, impulso vital y* **COMPROMISO** *inexorable, en aras de alcanzar la plenitud, uniéndola con mi quehacer profesional, mi propósito de vida, mi expansión de consciencia e incluyendo también mi crecimiento espiritual.*

Las semillas de las limitaciones son tan variadas cuan diferentes y ricas son las vidas humanas. En algunas personas aquellas pueden venir de la vida intrauterina, incluso desde el momento de la concepción, si el ámbito que envuelve a nuestros padres no fuese armónico. *Todo esto en la mayoría de las veces, se presenta aún sin tener registro consciente de esas circunstancias, menos sin reconocer que ellas pudieran determinar el discurrir de nuestra vida, alterar el propósito de ella, influenciar la estructura de la personalidad y, hasta quizás orientar nuestro quehacer profesional.*

Una marca muy primitiva [*5]

Fui melliza con mi hermano, y durante un movimiento sistémico descubrí que había sido trilliza, sin que la tercera de esta tríada hubiese visto la luz del día. Nací entonces con sensaciones matizadas por un dolor de pérdida, que probablemente marcó toda mi vida, convocándolas inconscientemente.

Así lo leo, puesto que mi vida ha estado teñida por innumerables duelos en muy variadas circunstancias y en diferentes terrenos.

Más allá de haber nacido a término, desde el instante en el que respiré por primera vez, estuve rodeada de fantasías de muerte. Decían que al nacer cabía en la palma de una mano, y contaba solo con 1.800 kg a más de todos los signos de prematurez con los que llegué a este planeta; aún sin desarrollar el reflejo de succión y sin que la piel estuviera completamente conformada, ante lo cual el médico alertó a mamá para que no se apegara a su recién nacida, puesto que en horas anticipaba su muerte.

Cuentan que me alimentaban con gotitas de leche en un trozo de algodón ya que aún no alcanzaba a succionar, y que cubierta con finos aceites, lograron terminar de construirme la piel. A los nueve meses el médico informó a mamá que ya en ese momento sí creía que yo viviría.

Es preciso incluir las resonancias del contexto, en mi propia realidad. Nací en la época de la violencia socio-política en Colombia, con los temores inherentes a morir o a lograr permanecer. Tanto en el afuera como en el adentro la resonancia de vivir o morir se constituyó en telón de fondo durante mi nacimiento y mis primeros diez años de vida.

Y por esta línea también descubrí que mi existencia in útero, estuvo matizada por la pérdida del libre fluir del alimento vital, ya que mi mellizo colocado sobre mi cordón umbilical, había impedido el paso de lo que suficientemente precisaba para el propio crecimiento. Esta información me fue regalada en unas sesiones de terapia corporal. Sería fácil colegir que esas circunstancias, hubiesen marcado mi vida, para dejarme más en la sombra de la muerte que en luz de la vida, o al menos dentro de una gran ambivalencia entre morir y vivir.

Te estarás preguntando, pero… ¿Cómo era posible que de tan primitivo y arraigado engrama, pudiera librarme?

Con persistencia busqué y felizmente encontré repuestas a mis interrogantes, para resignificar estas experiencias primitivas, tan cercanas a la vivencia de muerte. En ellas logré desarrollar un espíritu guerrero, un amor por la vida a la que abrazo intensamente y una necesidad de trabajo interior para transmutar estas circunstancias difíciles, en un aprendizaje transformador que me abriera horizontes hacia la plenitud anhelada.

Muchos años terapéuticos me asistieron en un acompañamiento auténtico y amoroso, con profunda toma de **CONSCIENCIA, CONSTANCIA Y COMPROMISO,** *en diferentes procesos y con diferentes terapeutas. Gracias a ellos y a su acertada intervención pude resignificar mi historia hacia el descubrimiento de que más allá de las circunstancias difíciles, en ellas se ocultaba un precioso aprendizaje conducente hacia mi misión de vida, a más de estar al servicio, para haber logrado lo que me había propuesto. Sin que por esto haya sentido o esté sintiendo que mi tarea estuviese terminada.*

Ante la dualidad de los dos universos: vivir o morir, un profundo trabajo constante y comprometido fue el que precisé implementar con consciencia plena para llegar al primer universo, puesto que honrando las grabaciones primitivas, esas de mis primeros meses, por años me sentí sin el permiso, ni la bendición para vivir un escenario de plenitud e inspiración vital, con derecho pleno. Hoy, desde la tarea que siempre me acompaña, continúo mi búsqueda y mis realizaciones para seguir plasmando lo que es mi misión y continuar cultivando lo que generosamente me ha sido dado.

A la vez que continúo enriqueciendo mi camino, sigo entregando lo que a otros puedo brindar para su crecimiento y realización. Ya desde hace un tiempo, estoy cosechado los frutos de mi esfuerzo y de mi trabajo, implementando realizaciones y logros, innovadoras formaciones en mi área, escritos y libros, conferencias y talleres nacionales e internacionales. Con ampliaciones al servicio de la comunidad y aplicaciones sociales de lo que he venido emprendiendo, aplicado a una expansión de consciencia hacia una plenitud vital.

El impacto de la gemelaridad

El encuentro gemelar intrauterino, extensivo a los mellizos, continúa a lo largo de la vida generando, en la mayoría de los casos, una sensación de completud, que muchas veces se interpone en el logro de la relación con la madre, y con ello en el desarrollo de la relación con la vida misma, que de ese vínculo primario se desprende. Pareciera que para los gemelos o mellizos su propia cercanía les bastara sin que se percataran de las limitaciones que esta circunstancia pudiera albergar. [*6]

Sin embargo para mí, haber sido melliza se convirtió en un verdadero regalo de vida, puesto que me permitió un darme cuenta de la unidad que nos abrazaba, más allá de contener la densidad de dos cuerpos diferentes.

Lo que en la vida correspondía aprender para diferenciarnos y para convertirnos en seres individuales, esto es para estructurarnos, se tornó en un proceso lento y difícil. De esta manera darme cuenta de las diferencias, no fue tarea sencilla, ni fácil, me exigió dedicación, voluntad férrea, esfuerzo y toma de consciencia.

Dentro del tema de la individualización, se convierte en una particularidad psíquica de alta y sensible vulnerabilidad en el escenario psicológico de los mellizos. Lo cual también genera un grado de inocencia en el encuentro con el otro, tanto como de confiada ingenuidad respecto a las relaciones.

Para la percepción exigida en el mundo empresarial, poca finura en esta área en mi existía, y más viviendo una entrega [*6], confiada, ante las cuales recibía las consecuentes decepciones entre lo esperado de los otros y la respuesta que a veces con sorpresa y desilusión, encontraba.

Este es un aspecto que por importante me vi obligada a desarrollar para plasmar mis sueños, puesto que una percepción fina y suficientemente discriminada es determinante en la visión focalizada necesaria para la consecución de los mismos.

La peculiaridad de comunicarnos con amplia solidaridad y entrega abierta, nos acompañó la vida entera, con la consecuencia de permitirnos un equilibrio entre lo que dábamos y recibíamos. Este escenario forjó en nosotros el valor de lo justo y de lo recto, en forma tal que se convirtió en fuente nutricia hacia una confianza en la vida, y en los otros. Otro capítulo a destacar es el de las lealtades invisibles generadas en los primeros años, no solo las establecidas en la relación gemelar, sello de un pacto aparente de supervivencia, sino también las que nos ligan con la familia de origen.

Para garantizar la pertenencia abrimos la mente y el corazón, y renunciando a la libertad de escuchar nuestra voz interior,

abrazamos, hasta inconscientemente, las invisibles lealtades, que como valores y rasgos que hacen a nuestra identidad, flotan en el ambiente de nuestro sistema.

Como seres construidos por aspectos polares, en la mayoría de las veces, la polaridad parecía que se dividiera entre los dos. Desde mi historia te comparto el siguiente pasaje:

Yo inclinada al estudio y a la académica y mi hermano mellizo con su genialidad y brillante inteligencia, dedicado y sobresaliente en lo empresarial; con su habilidad comercial y su especial y creativa destreza, logró destacadas ejecutorias vitales, de importante despliegue económico, social y comunitario. Por el contrario, este aspecto para mí, exigió dedicación consciente y constante que me permitiera integrar las fantasías y anhelos en vivencias presentes, para abrir la puerta hacia los logros anhelados.

Esta vivencia da cuenta de una identidad que a los dos nos cobijaba como si fuésemos uno solo y desde la cual experimentábamos un apoyo que a los dos nos cubría para sentirnos seguros y confiados en la vida, así partiéramos de la certeza de estar el uno frente el otro. Dinámica esta que me tornó proclive a hacerme cargo de más de lo que estrictamente me correspondía. Hacerme cargo solamente de lo propio, fue una tarea que me exigió atención permanente, no solo frente a los míos propios, sino y fundamentalmente frente a los trabajos y relaciones laborales.

Una dificultad que jamás imaginé enfrentar fue el desarraigo que experimenté ante el fallecimiento de mi mellizo. La mirada en la muerte me invadía y fue un arduo proceso poder retomar la mirada al servicio de la vida. Quizás por vez primera sentí la urgencia de redescubrirme para poder existir por mí y para mí misma, como única, diferenciada e irrepetible.

Y felizmente logré retomar la fuerza de lo vivido hacia la resignificación de mi vida, con una nueva identidad, nuevas fortalezas y nuevos proyectos que he venido construyendo paso a paso, haciéndolos parte mía, esto es incorporándolos como propios en mi nueva manera de estar, hacia una completud en expansión, integrando en mí misma, la fuerza, cualidades, dones y riquezas de ambos. Y así puedo decir que a partir de la vida de los dos, he logrado reeditar una vida propia, más que enriquecida.

Quiebras empresariales y pérdidas del alma

Hoy con un recorrido de vida ya de siete décadas, comprendo que innumerables quiebras empresariales a nivel familiar, me ataron durante años con lazos de lealtad conducentes a un camino que apenas si me permitía vivir más allá de la supervivencia, con tropiezos que matizados por una consciencia de escasez de tinte transgeneracional, me impedían abrazar un cielo despejado, dentro de realizaciones ya bien merecidas.

En esta nueva manera de estar, el vacío de la muerte se fue llenando con la presencia viva no sólo de mi hermano mellizo, sino además de todos los míos que fueron pasando a otra dimensión. De manera inesperada y muy sorpresiva, los más cercanos de mis seres amados, fueron despidiéndose casi cada dos años para regresar a su verdadera morada. Estas circunstancias más que dolorosas, nuevamente atraparon mi mirada en lo añorado y con ello en la muerte. Volverme a sentir de nuevo inundada de fuerza vital, fue también un trabajo que me exigió tiempo, dedicación y voluntad del corazón, para hacer acopio del impulso de vida que hoy me acompaña en mi quehacer, lleno de luz, de plenitud y de realizaciones.

En esta forma he podido asistir a quienes me consultan en su búsqueda para tomar la vida, para sentirla y experimentarla y sobre todo para aprovecharla y vivirla plenamente, con gozo y realizaciones. Todo este quehacer, se ha venido esculpiendo como mi propósito de vida. Misión de servicio que así plasmada, continúa permitiéndome acompañar a otros con amor y entrega, tal como en estas líneas lo he venido haciendo contigo, amado lector.

REFLEXIONES FINALES

Para finalizar estas letras, acá y con transparencia está consignado el sendero que he recorrido en busca de mi plenitud, y el que en tus manos está para lograrlo implementar. Aunar las TRES C, con los TRES TALENTOS EMPRESARIALES y los TRES ÓRDENES DEL AMOR HACIA LA PLENITUD VITAL, se convierte en triángulo de mágico entretejido para estar en EL AHORA, desde LO VITAL y EL LOGRO anhelado.

[*1] Psicóloga y psicoanalista vincular colombiana, especialista en varias metodologías de vanguardia, transpersonales. Pionera en Constelaciones Familiares, desde 1995. Creadora del modelo de intervención neopsicológica. Psicoterapeuta con años de experiencia y tallerista nacional e internacional.

[*2]. El Coraje de Emprender. Amazon, Best Seller 2015.

[*3] Constelaciones Familiares. Para liberar la energía del amor y de la vida. Marianela Vallejo V. Ed. Aguilar- Abril 2008.

[*4] Realizando Nuestros Sueños. Experiencias colombianas en Pedagogía Sistémica. Marianela Vallejo Valencia y otros. Ed. Cudec, 2011.

[*5] ¿De dónde viene mi dolor? Laura Rincón Gallardo. Instituto Prekop México.

[*6] Un embarazo gemelar se forma a partir de una división de un único cigoto contando con la misma información genética y el

mismo sexo, los gemelos son habitualmente muy parecidos a nivel físico puesto que son univitelinos. Los mellizos tienen diferente dotación genética, no son univitelinos y por consiguiente tampoco son idénticos, pueden ser de diferente sexo, en este caso dos óvulos son fecundados por dos diferentes espermas.

RESEÑA BIOGRÁFICA

Nombre: Marianela
Apellidos: Vallejo Valencia
Fundación Marianela Vallejo Valencia–Neopsicología
Dirección: Carrera 18 # 88-17
Piso 5°. Edificio Cádiz
Ciudad: Bogotá, D.C.
Teléfonos (571) 610.9775 – (517) 218.2471
Celular: 321-207.5148 y 310-814.1692personal.
310-880.7082
Correo electrónico:
fundacionmarianela2013@gmail.com
info@marianelavallejo.com

Formación Académica

Psicóloga de la Universidad Javeriana, Santafé de Bogotá, 1968.
Programa de Doctorado en CIENCIAS PSICOLÓGICAS, Universidad Libre de Bruselas, 1969-1971 y Psicomotricidad y Aprendizaje en Centros Europeos: París, Bruselas, Barcelona.
Formación Psicoanalítica de pareja, de familia y de grupos; Bogotá y Buenos Aires, 1990-1997.
Maestría en Habilidades Directivas y Programación Neurolinguística 1998-2000. Bogotá-México.
Constelaciones Familiares en Bogotá, 1995 a 2014, en Buenos Aires, México, España y Colombia.
Constelaciones Organizacionales, en Chile, España y Colombia.
Con entrenamiento en intervenciones alternativas transpersonales: Hipnoterapia, Vidas Pasadas. Renacimiento, Reiki, M.D.R.,

Pedagogía Sistémica. Liberación de la Memoria celular. -CMR-Sanación Emocional-Ejercicios Paula Iregui-Vortex Healing. Reconexión.
Diplomado en Trauma. CORE Evolution 2014.
ICCI. Noviembre 2014. Tampa, EE. UU.

Actividad Profesional

Tallerista Nacional e Internacional, en docencia y formaciones en Constelaciones Familiares con miras a expandir sus nuevas propuestas en la aplicación de las Constelaciones Familiares. Desde su modelo de intervención Neopsicológico, brinda también Seminarios y Talleres Aplicados.

Actualmente está dedicada a la práctica psicoterapeuta en el contexto Individual y Vincular –pareja, familia y grupo–, y a facilitar Talleres y Seminarios a nivel nacional e internacional, en temas aplicados al crecimiento personal, al desarrollo empresarial, a la prevención y a la terapéutica, desde la Fundación Marianela Vallejo-Neopsicología-con el modelo de intervención de Neopsicología – Nuevas Opciones para el Nuevo Milenio, de la cual es creadora.

Neopsicología

Como modelo de intervención genera espacios de Formación y Crecimiento hacia un desarrollo armónico, tanto en lo personal, como en lo vincular, en lo profesional, empresarial y comunitario, integrando los planteamientos clásicos con enfoques de vanguardia. Propende por una mayor expansión de consciencia, hacia el descubrimiento del propio camino, en los diferentes ámbitos. Permite aflorar de manera integral las ilimitadas posibilidades del Ser Humano. Impulsa el Autoconocimiento, la Transformación y la Autorrealización desde la perspectiva del Amor, como esencia última del Ser. Facilita la implementación de estilos de vida constructivos dentro de un grupo humano al que amemos pertenecer.